高糖度、大粒多収

ブルーベリーをつくりこなす

江澤貞雄 著

農文協

ど根性栽培はこんなに多収

たわわに実るラビットアイ（品種はティフブルー）。ふつうは大玉をねらって冬に花芽を切り詰めるが，収量を重視するど根性栽培のラビットアイでは切り詰めない。このため，ブドウの房のように長く垂れ下がる。摘み取りのお客さんがいくら食べても足りなくなることはない。熟期も長くなる

ラビットアイ（品種はノビリス）の16年生株と筆者。樹は大きくなり，野生種さながらの生育をする

樹が丈夫になり，長持ちする

ラビットアイ（品種はホームベル）に接いだハイブッシュ（品種はスパルタン8年生）。土地を選ぶハイブッシュのなかでも，とくにスパルタンは枯れやすいといわれているが，ど根性栽培では樹が長持ちする。ラビットアイ台から出た葉（矢印）は色や形が違う

果実が大粒で糖度も高い

ハイブッシュ

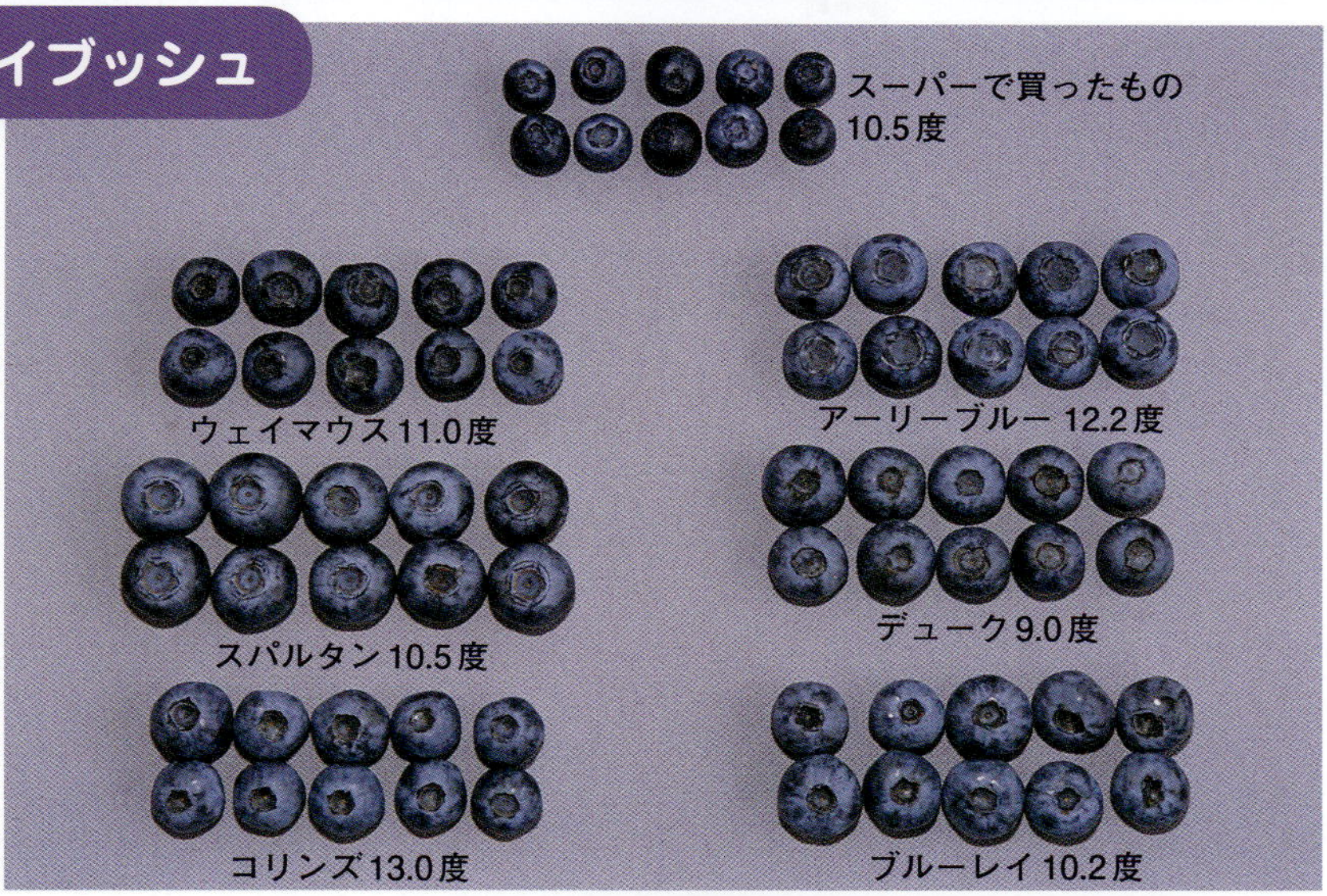

同じ時期にスーパーで購入したもの（鉢を使った養液栽培）と比べて大粒。品質が高くなりやすい養液栽培の果実と比べても糖度が同程度か高い

ラビットアイ

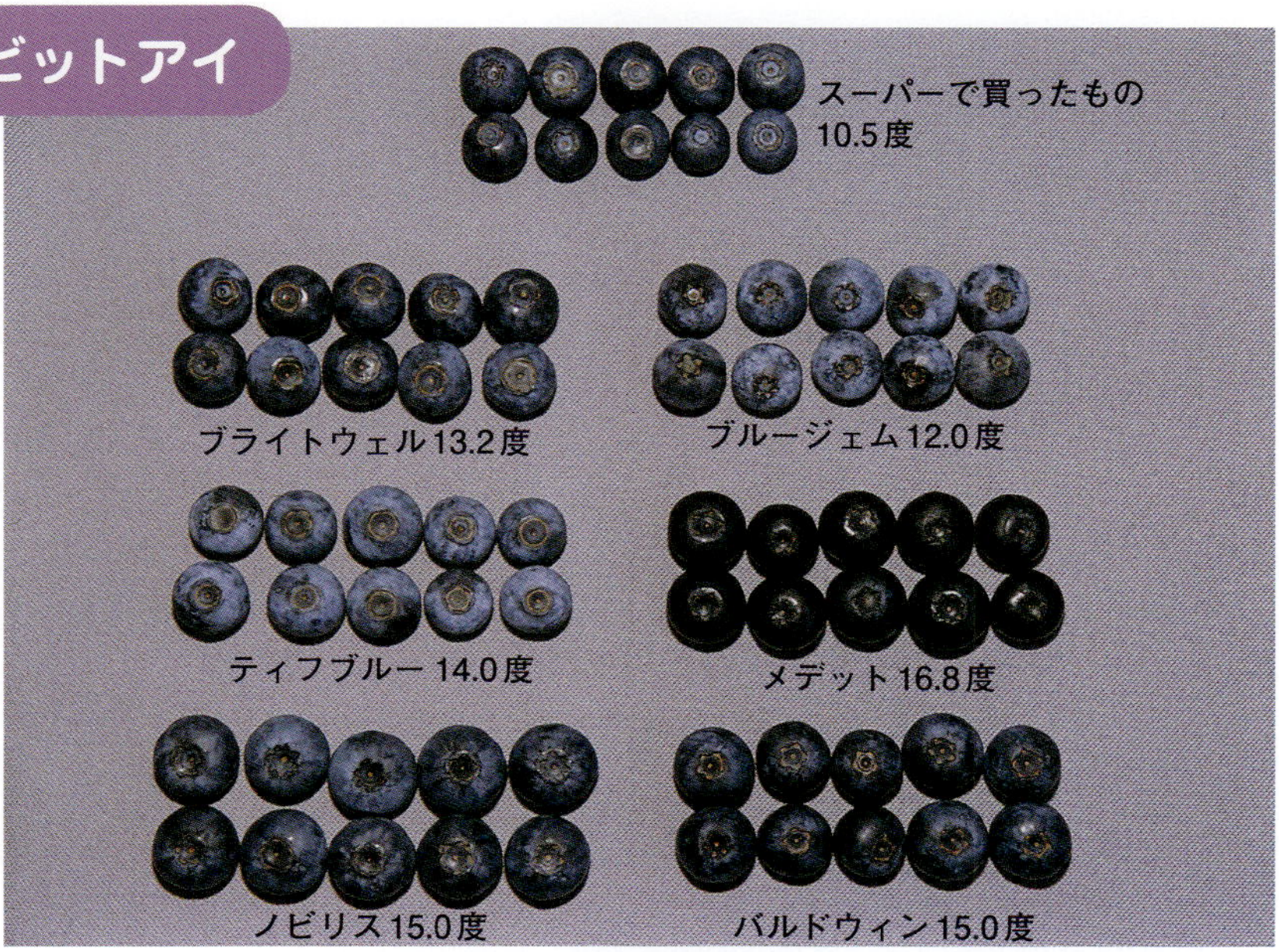

同じ時期にスーパーで購入したものと比べて大粒で，糖度も高い。メデットはあまり知られていない品種だが，大粒で甘く，私の摘み取り園ではイチ押しの品種である

根が広く深く張る

ブルーベリーは一般にひげ根で浅根性といわれ，なかでもハイブッシュは浅根といわれるが，当園のハイブッシュ（品種はダロウ16年生）の根は1mほど伸びている。この根張りが多収と樹を支えているのではないだろうか

pHの調整は硫黄粉の株元施用でいい

ピートモスは1株当たり40Lしか入れておらず，代わりに株元に硫黄粉を毎年お碗3分の1ほどふっているハイブッシュ（品種はアーリーブルー）。株元のpHは3.7～4.7とおおむね適正で，葉のクロロシス（要素欠乏）も発生していない

株元には酸性で育つスギナが生えている。ちなみに，当園のラビットアイはピートモスをいっさい入れず，硫黄粉を株元に施用しているだけだが，株元pHは3.5～5.1に調整され，順調に育っている（通路のpHは4.8～5.6）

ラビットアイの植え付けは，かん水も追肥も，ピートモスも不要

苗木は植える前に2分の1～3分の1に切り詰める

列間3m，株間2mになるように支柱を立て，ポットを並べる

苗木をポットから抜いてそのまま植える。お碗の粉はpH調整とイノシシ対策の硫黄粉

お碗半分の硫黄粉のほか，お碗1杯の油粕を株元表面にまく。年間施肥はこれだけ

乾燥防止に，株元に木材チップを10㎝ほどの厚さに敷いて，植え付け完了

（46ページ参照）

3年で十分大きく育つ

植えて2年目のラビットアイ（品種はブライトウェル）。冬の時点ではボールペンの先の位置まで切り詰めていた。ど根性栽培ではこの強いせん定で大きく育てる

植えて2年目のラビットアイ（品種はティフブルー）。肥料はお碗1杯の油粕のみでも，十分に大きく育っている

植えて3年目のラビットアイ（品種はメデット）。ど根性栽培で植え付けた近隣の橋口さんの園地。元ナシ園で土が肥えていることもあり，とてもよく生育している

ハイブッシュを強勢化する ラビットアイ台木への接ぎ木

あらかじめ植えておいたラビットアイの上部をノコギリでせん定

残した枝（台木）の途中にせん定バサミの刃を押し込み，切れ込みを入れる

切れ込みのところを切る。接ぎたい高さで切ってから切れ込みを入れるよりラク

用意しておいた穂木。密着させるために両側を削る

切れ込みに穂木を挿し込む

接ぎ木テープを巻いて完成。2年目から収穫ができるようになる
（36ページ参照）

まえがき

冬の朝、ブルーベリーの苗畑は霜で一面真っ白になる。ポットに植えられた苗木はカチンカチンに凍っている。日中は解けるが夜にはまた凍る。この繰り返し。かわいそうだと思うが、ブルーベリーは枯れない。夏の日中はもっと過酷で、真夏日が続いても一日一時間程度のかん水しかしないため、苗畑はカラカラに乾いているはずなのに、苗木はしおれても枯れることはない。ブルーベリーは本来、放っておいても枯れない強い植物なのである。人が枯らさなければ枯れることはまずない。野山に自生するキイチゴ、グミ、ヤマブドウなど自然にたくましく育つ植物となんら変わりはない。

このブルーベリー本来の野性味あふれる強さを引き出す栽培法が、私のど根性栽培である。大量のピートモスを使った人工的な植え床でなく、大地に直接植えて自ら根を深く張らせる。過保護にせず、放任でスパルタ式なのである。外国生まれのブルーベリーが日本の土になじみ、やがてたくましく丈夫に育つようになる。

この本では、今までの常識にとらわれずに、私の体験したことをもとにまとめた。ど根性栽培は植え床づくりをほぼしないから省力栽培でもある。ブルーベリーの栽培面積が一層拡大することを願っている。

私にブルーベリーをめぐり合わせてくれたのは、かつて私が働いていた農協の佐藤宗治郎組合長（故人）である。そしてもう一人、二〇年前に日本ブルーベリー協会を設立するので理事に推薦したいとわが家にやってこられた玉田孝人氏である。

日本ブルーベリー協会にはブルーベリーを学ぶ場を与えていただき、非常に感謝している。おかげで全国の栽培者はもちろん、大学や試験場の研究者、加工の専門家、企業家、多士済済の人々と知り合うことができ、ブルーベリーの機能性や、内外の産地情報を学ぶことができた。

何よりも、私が五〇歳の誕生日に「農協をやめて観光ブルーベリー園をやる」と突然打ち明けたときに、戸惑いながらも同意してくれた妻の幸子と娘の環、眸に心から感謝したい。

農協営農指導員としてズブの素人だった私にとって、農文協の出版物、とりわけ月刊誌「現代農業」は最大のよき指導書だった。その農文協から今回本が出せることは望外の喜びである。本書の出版にあたり、農文協の西尾祐一さん、川崎大地さん、赤松富仁カメラマンには多くのご指導をいただいた。ここに心から厚くお礼申し上げる。

平成二十六年十月

江澤貞雄

16年ほど前，ブルーベリーを植えるために山を切り開いた当時の写真。筆者と妻の幸子

◆目　次

第2章　ブルーベリーの種類のとらえ方・品種選び

第3章 植え付けてから成らせるまでの管理
――ど根性栽培はここで決まる

第4章 成木期の管理

第5章 私のブルーベリー経営

撮影　赤松富仁／江澤貞雄／編集部

第1章

ど根性栽培にたどり着いたわけ

――従来の栽培法の失敗から学ぶ

❶ 出会いは三〇年ほど前

農協営農指導員としてブルーベリーを産地化

私のブルーベリーとの出会いは、今から三〇年ほど前の一九八三年。地元の農協の営農指導員をしていたときである。この年、長く町長として町の産業振興に取り組んできた佐藤宗治郎氏が農協組合長に就任した。ある日、佐藤組合長が私に「園芸店で新しい作物を見つけたので、ぜひつくってみたい」と持ちかけてきた。それがブルーベリーだった。

当時の私は、勤めていた東京の広告代理店をやめて地元の農協に就職し、営農指導員に配属されて九年目。子どもの頃に家の農業を手伝ったことはあったが、農業のプロを相手に栽培指導するには力不足だった。そこで私はブルーベリーなら私にも指導できると考えた。新規作物なら、スタートはみんな同じだからである。

私と佐藤組合長は二人三脚でブルーベリーの産地化を進めたのである。

❷ 転作田のハイブッシュが根腐れ

熱心に水やりしたハイブッシュが枯れた

一九八五年、農家一二〇戸・七haでブルーベリー栽培をスタートさせた。

選んだ種類はハイブッシュ。栽培は難しいが、おいしいと聞いていたからだった。

八〇cm角に深さ六〇cmの植え穴を掘り、ピートモス、モミガラ、硫黄粉を入れ、管理機で土とよく混ぜ、それらの上に苗を定植した（写真1―1）。

指導してくれた先生や農業試験場などによると、「ブルーベリーは水を好む」とのことだったので、熱心な農家二人は畑に井戸を掘り、水やりを行なった。いっぽう、水に無縁な畑に植えた農家は水やりができないため、株元や畑全体にモミガラやワラを敷いて乾燥を防いだ。

植え付け後一～二年が経過すると、水田転換畑に植えたものや熱心に水やりした園が枯れ始めた。その数は年を追うごとに増えていった。その結果、水田転換畑に植えたものなどを中心に約四haが枯死してしまったのである。

枯れた株を抜いてみると、植えたときの根鉢がそのまま残り、新根は黒っぽく腐っていた。

いっぽう、水やりができずに株元をモミガラやワラで乾燥から守った畑は生き残った（図1―1）。

このことから私は、ブルーベリーにとって必要以上の水は害となり、枯死

写真1－1　産地化をスタートさせた当時の植え床づくり。手前の白い大きな袋がピートモス

図1－1　熱心に水やりした園地ほど枯れた

の原因は根腐れによるものだと思い至った。

化成肥料多用の農園ほど枯れた

害となるのは水だけではなかった。熱心な農家ほど、早く育てたい一心で化成肥料を多くやる。とくに野菜農家ほどその傾向が強い。当時の指導は、アンモニア態チッソを含む「くみあい硫化リン安」を一株に一〇g、株元から一〇cm離して施すというもの。ところが、農家の畑に行くと、肥料が株元どころか、畑一面に真っ白に施されているのをよく目にした。そして、化成肥料を多用した農園ほど枯れていった。

これらのことから、ブルーベリーの枯死の原因は、根腐れと化成肥料の多用によるものであると私は確信した。

❸ 大量のピートモスで過乾燥・過湿

ブルーベリー栽培では、植え穴に大量のピートモスを入れてpH調節してから植え込むことが常識だが、このピートモスにも問題があると思われた。

ピートモスとは、水苔などが長年堆積して腐植化したものである（写真1―2）。保水性と通気性に富み、有機酸を豊富に含むことからpH四程度の酸性を示す。ピートモスを大量に植え穴に施して定植すれば、ブルーベリー栽培に最適な条件が整うといわれている。

ところがピートモスは、とくに単体で用い植え床をつくって三〇日も四〇日も雨が降らないと、乾燥して水をはじく撥水性をもち、水を吸わなくなってしまう。そうならないように、かん水をひんぱんにしなくてはならない。そこへ雨が降ると、大きく掘った植え穴に水がたまってしまうのである（図1―2）。

写真1―2　私が苗用に使っている北海道産のきめの粗いピートモス

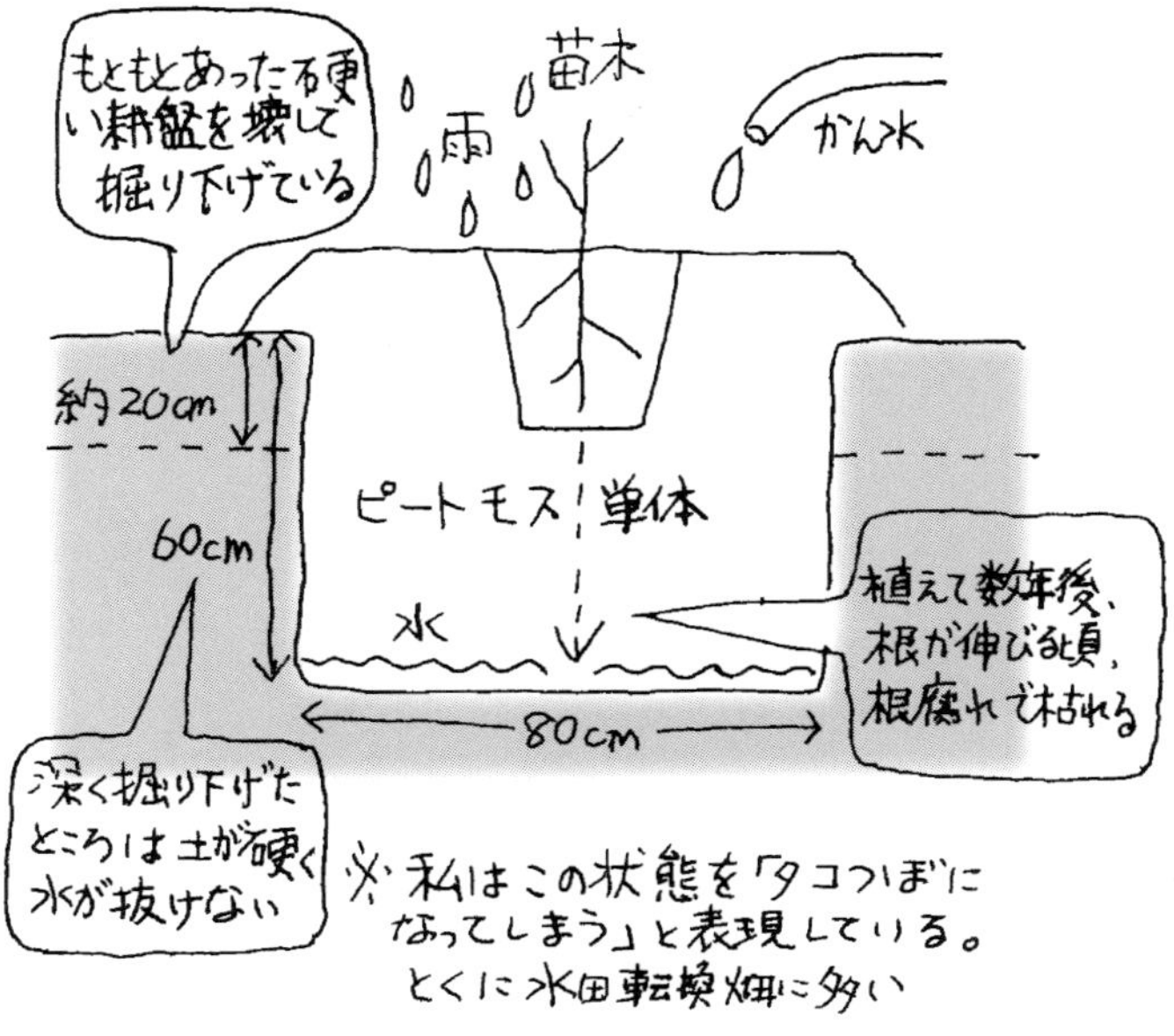

図1—2　大きく掘った植え穴に水がたまるしくみ

そもそも、大量のピートモスを使うと、植え付け作業が大変である。ハイブッシュでは一〇a当たり二〇〇本以上植えるが、その数の穴を掘って大量のピートモスを投入しなければならない。

ブルーベリー栽培にピートモスは本当になくてはならないものなのか？　そんな疑問が、私の中にわいた。

❹ ハイブッシュとラビットアイは違う

ラビットアイは強い

一九九七年十月、私は千葉県でブルーベリー専業農家になるために農協を満五〇歳で退職した。この年は、東京と木更津を結ぶ東京湾横断道路（アクアライン）が開通した年である。当地の豊かな自然を活かし、ブルーベリーを主体とした観光農園を地域全体で取り組めば、地元住民から都市住民まで呼び込める。そう考え、観光摘み取り園「エザワフルーツランド」を設立した。

ブルーベリーを植えてもすぐ実が成

写真1－3　ポットが倒れて頭上散水の水がかからなくなり，枯れそうになっていたラビットアイ苗（品種はパウダーブルー）

写真1－4　水がかかるようにしたところ，1カ月半後，見事に復活。枯れた枝の下から芽が吹いて伸びていた（再現実験）

るわけではないので、その間、ブルーベリーの苗木の生産販売を始めた。種類は、ハイブッシュとラビットアイ。ラビットアイはハイブッシュの定植後、数年を経て注目されるようになっていた。

苗木をつくるなかで、ラビットアイはハイブッシュと比べて樹勢がきわめて強く、生長も速いことに気づき、驚いた。

あるとき、かん水が三日おきになり、ときには一週間もかん水できないことが何度もあった。苗は葉を落としたり、もっとひどいときは葉をつけたまま赤く枯れ上がったりして、全滅したと思ったこともあった。しかしその後、かん水すると驚異的に復活し、秋には丈夫な苗木となったのである（写真1―3、1―4）。とくにラビットアイは顕著であった。

ラビットアイはピートモスなしで枯れなかった

そんなこともあり、ハイブッシュと比べて樹勢の強いラビットアイであれば、私の山（黒ボク土）にピートモスなどを使わず直接植えても育つだろうと確信した。山を選んだ理由は、当地には平地が少なかったからである。しかも山なら落ち葉などが堆積していて地力もあるから育つだろうと考えた。

山を覆う竹林を伐採し、竹の根が縦横に張りめぐり、硬くなった土に植林用の鍬で穴を掘り、一二cmポットから抜いた苗木をそのまま植えた（写真1―5）。

竹林地のpHは五・八前後だった。植え付け後にpH調整のための硫黄粉を株元に味噌汁のお椀一杯程度ふりかけ、乾燥を防ぐために竹林内の枯れ葉などの有機物を厚くマルチした。

写真1－5　山の竹林を伐採して苗木をそのまま植えた当時の様子。竹を垣根のように積んで腐らせた

その後、春に細い竹や山草がいっせいに伸びて、またたく間に苗木は草の中に埋没した。草は一m以上にも伸びたが、除草剤は使わず刈り払い機で刈ってまわった。

一年後、ピートモスなしで山林に直接植えたラビットアイの苗木は、一本も枯れなかったのである。

以来、今日まで、年一回の施肥のときに少量の硫黄粉を株元にふるだけで、生育はすこぶる旺盛である。

従来の植え床づくりなしでブルーベリーが栽培できることは非常に画期的であり、感動した。苗木を直接植え、pH調整は植え付け後に硫黄をふるこの方法なら、ラビットアイの栽培は飛躍的に増えると確信した。

ハイブッシュは収穫が一年遅れた

いっぽう、ラビットアイの園地にはハイブッシュも植えていた（品種はダロウ、ウェイマウス、スパルタンの三本）。ハイブッシュもピートモスなしで育つかどうか、試してみたのである。

ラビットアイがどんどん育ついっぽうで、ハイブッシュは収穫までに一年ほど遅れた（なかでもスパルタンは遅かった）。しかしその後、ラビットアイ同様に硫黄粉を株元施用したところ、順調に生育した。このことから、ハイブッシュは、ピートモスで植え床をつくって植えたほうがよいことがわかったのである。

❺ 私がたどり着いたブルーベリー栽培のポイント

ブルーベリーの本当の姿とは？

こうした栽培体験から、私はブルーベリーという作物を次のようにとらえている（図1―3）。

＊ブルーベリーは水を好むのではなく、乾燥を嫌う……水をやりすぎると根腐れを起こして枯れてしまう。乾燥させなければ育つ。

＊酸性土壌を好むが、それ以上に水はけのよい土壌を好む……ブルーベリーは停滞水にとても弱い。酸性条件も重要だが、通気性も大事である。

＊かん水しなくとも、株元さえ乾燥させなければ、なかなか枯れることのない強い作物である……乾燥防止は株元の有機物マルチで対応できる。

＊なかでもラビットアイは強い……これまでブルーベリーの性質はハイブッシュで語られることが多かった。確かにハイブッシュは栽培が難しいが、ラビットアイは強くて育てやすい。

一般にいわれていることと違うと感じるかもしれないが、このような観察をもとに私は、「ど根性栽培」にたどり着いた。

水やりも、追肥もやらず、ピートモスも不要のど根性栽培

私は現在、従来の方法とは違った、ど根性栽培法を確立し、近隣地域をはじめ、県を越えてブルーベリーの栽培指導を行なっている。

従来のブルーベリー栽培では植え穴にピートモスを入れて植えていたが、私はラビットアイでは、ピートモスを使わずに定植し、pHの調整には硫黄粉を株元施用している。ハイブッシュでは、植え穴に少量のピートモスと硫黄粉を入れ、彫り上げた土とよくかき混ぜて植え、その後にも硫黄粉を株元施用している。

なお、定植後は、ラビットアイもハイブッシュも、人為的な水やりをいっさいしない。代わりに、厚さ一〇cm程度の有機物マルチを株元に施して乾燥を防ぐ。肥料は年一回の元肥だけとし、化成肥料は与えない。

果実を収穫し始めるのは三年目または四年目からである。

すなわち、ど根性栽培とは、ピートモスとかん水と化成肥料で人工的に育てるのではなく、なるべくその土地の土に根を張らせ、ブルーベリー自身の

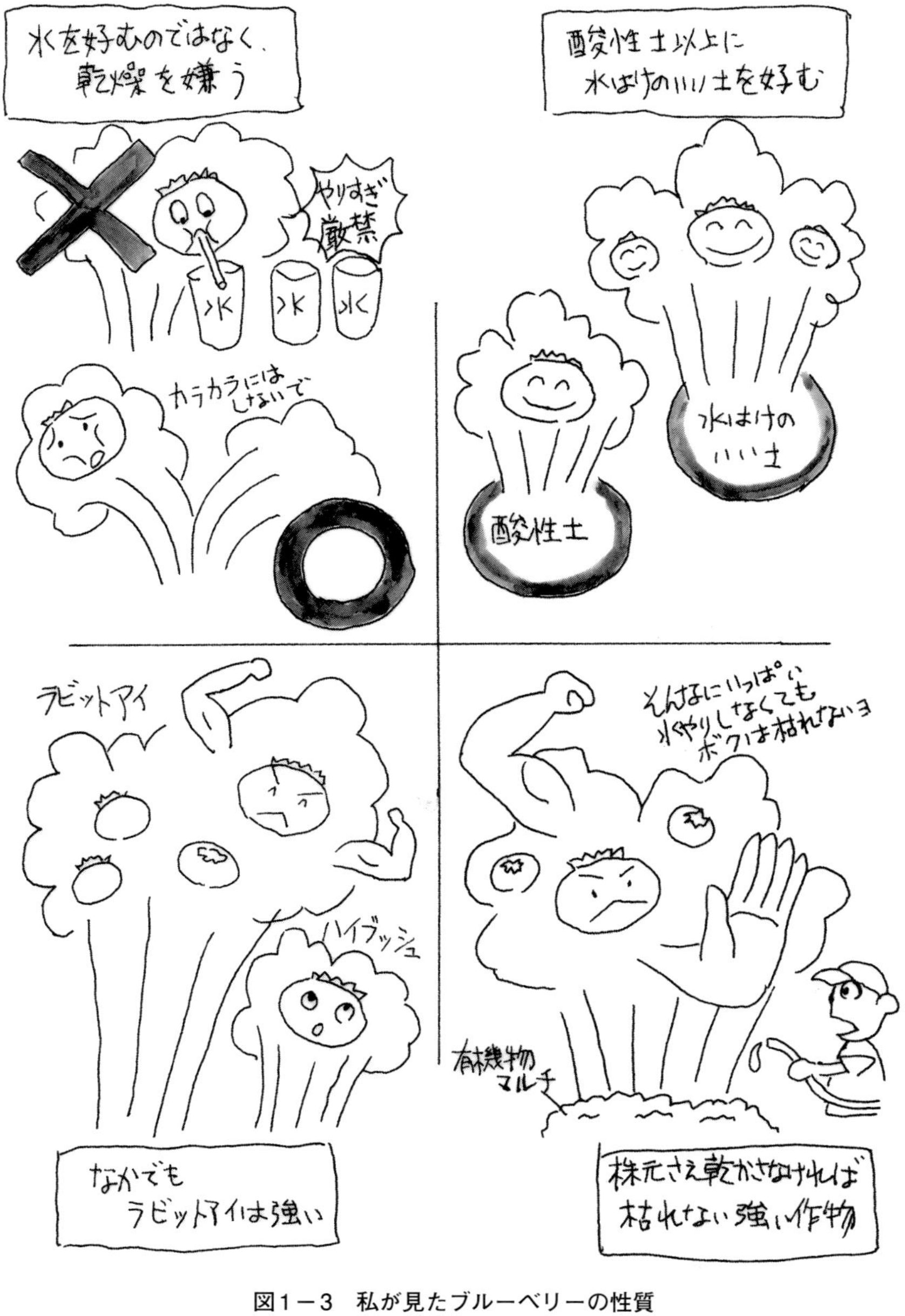

図１－３　私が見たブルーベリーの性質

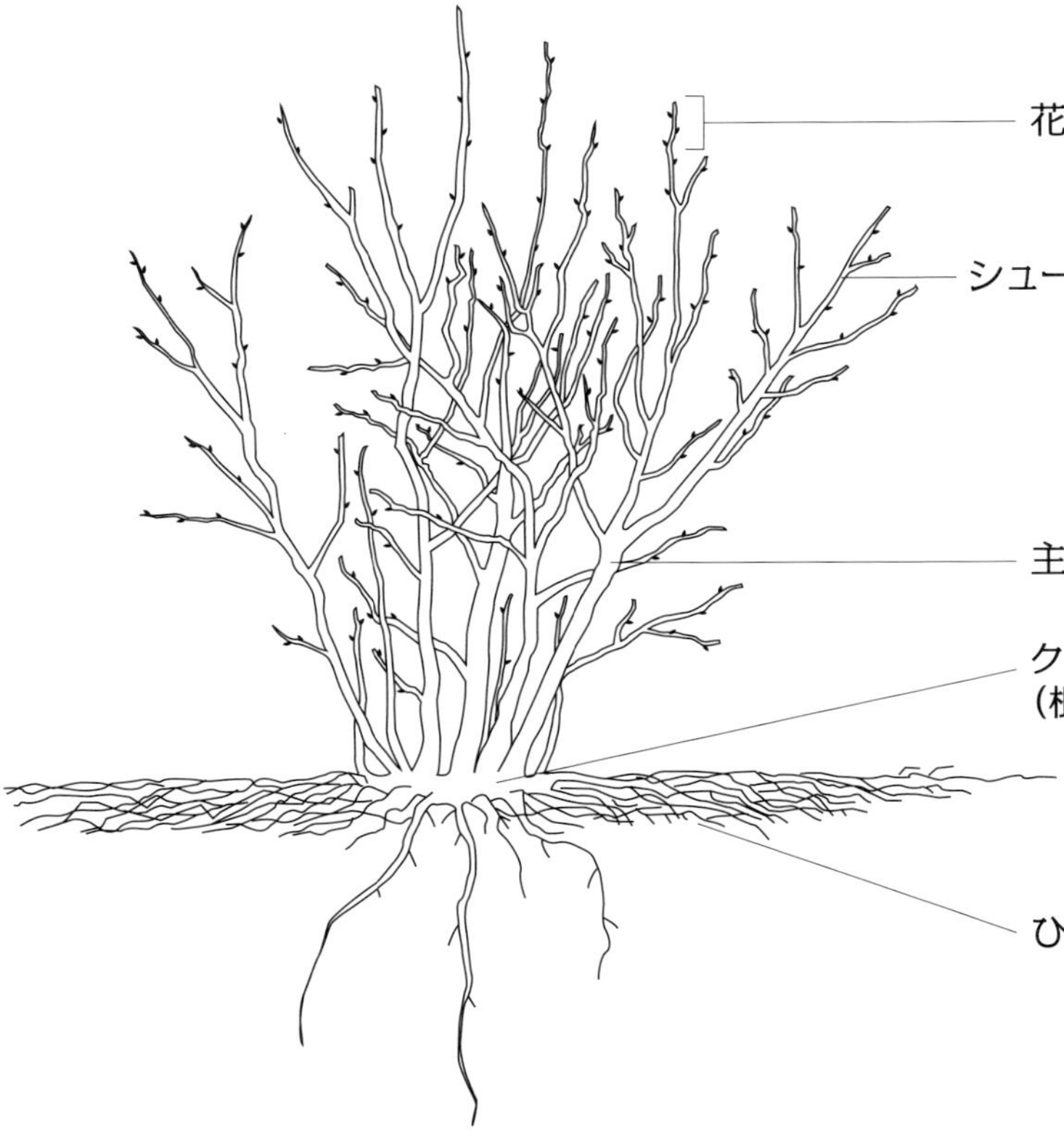

図1－4　休眠期におけるブルーベリーの樹形と枝の呼び方
（Pritts and Hancock, 1992）

力で育てる栽培法である。

根を深く張らせる

この栽培法だと、梅雨明け後三〇～五〇日間雨がなくても枯れない丈夫な樹になる。

これは、植え付け後、水やりも追肥もしないことで、地中に水を求めて根が深く張るからである。一般にブルーベリーの根はひげ根で浅根性であるといわれている（図1─4）。しかし実際は土や管理で変わる。私のところでは太い根が深く伸びている。

当然、根系が広く深くなれば土壌の乾燥に対しても強くなる。ピートモスを大量に入れた人工的な土壌ではなく、その土地の土壌に深く根を張ってなじんだブルーベリーは野生種さながらの樹となり、収量も多くなる（図1─5）。かん水量が減ることで、糖度も高くなる。実際、私のラビットアイ

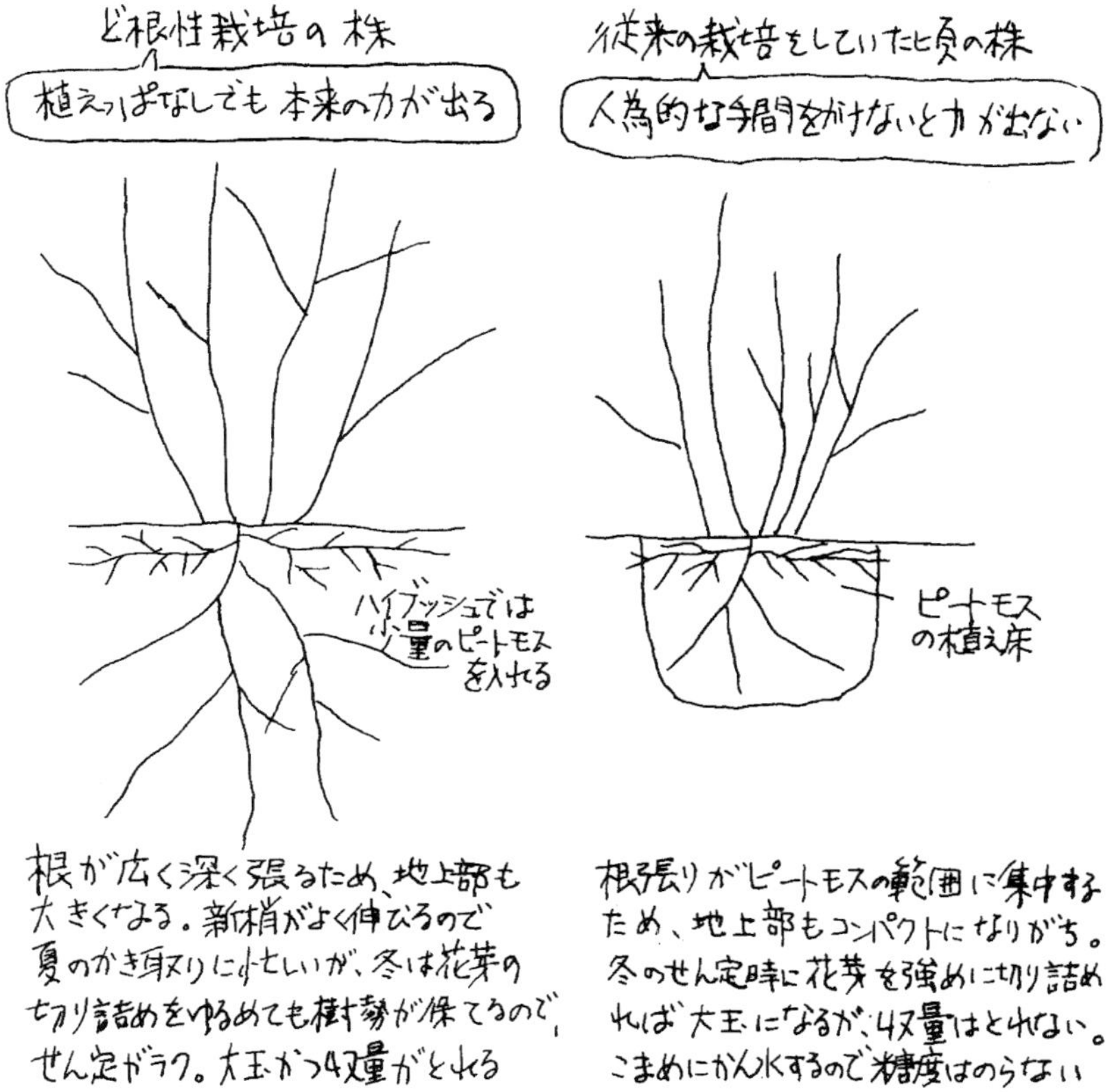

図1－5　ど根性栽培と従来の栽培の株イメージ

は、暑い夏ほど甘くておいしい。

ラビットアイはもっとラクに、ハイブッシュはより丈夫になる

この栽培法によって、ラビットアイもハイブッシュもつくりやすくなる。

ラビットアイはもともと育てやすいといわれているが、植え床づくりが不

写真1－6　1日で植え付けを終わらせた30aの畑。ピートモスを入れないから植え床づくりがいらず，簡単に植えられる

要でpHの調整は植え付け後に硫黄粉の株元施用ですむのだから、ますます簡単に栽培できるようになる。

実際、私は三〇ａの畑を五人ぐらいで一日で植えてしまう。植え床をつくるやり方だと一カ月くらいかかってしまうのではないだろうか。ピートモスを使わない私のやり方なら、植え穴の大きさもポット程度の大きさですみ、苗をポットから抜いて植え込めばすむ。あとは木のチップなどを苗まわりに一〇cm程度かぶせるだけである（写真1―6）。こうして植え込んだ私のラビットアイは現在一六年生。枯れることなく、大きな樹に毎年たくさんの実をつけている。

ラビットアイに比べて強酸性土壌を好んだり、乾燥や暑さに弱かったりするハイブッシュも、つくりやすくなる。ど根性栽培を取り入れることで枯れない丈夫な樹になるほか、ラビットアイに接ぎ木することでハイブッシュも植え床づくりが不要になる。私のハイブッシュも現在一六年生の株が枯れずに元気に育っている。

第2章

ブルーベリーの種類のとらえ方・品種選び

❶ 種類の特徴

土壌適応性が低いハイブッシュ、幅広く適応するラビットアイ

ブルーベリーはツツジ科スノキ属の落葉低木果樹であり、原産地はアメリカ大陸の北東部から南部のフロリダ州の広範な地域であるといわれている。

現在栽培されているブルーベリーは次の五種類に分類される。北部ハイブッシュ、半樹高ハイブッシュ、南部ハイブッシュ、ラビットアイ、ローブッシュ。このうち主な栽培種は、ハイブッシュ（北部ハイブッシュ、南部ハイブッシュ）とラビットアイである。両種類の中に多くの品種がある。

一般に、ブルーベリーというと、やれ大粒だとか、やれ甘いだとかいわれる品種に飛びついて失敗することが多い。栽培地の環境条件に合わなかったためと思われる。ラビットアイは砂質土から粘質土まで幅広い土壌適応性をもつが、ハイブッシュはその適応性が低い。したがって個々の品種を選ぶ前に、まずは地域に合った種類から選ぶようにしたい。

一般には、ハイブッシュは寒冷地向き、ラビットアイは暖地向きと大別されるが、違いはこれだけではない。私がこれまでの栽培の中でつかんできた種類別の特性は次のようである（表2―1）。

最適pH――ラビットアイはpH五・五前後で植えられる

ブルーベリーは酸性の強い土壌を好むといわれ、好適土壌pHはハイブッシュが四・三～四・八、ラビットアイが四・三～五・三とされている。おおむね、そのとおりである。

しかし私のラビットアイは、pH五・八前後の畑に直接植え、その株元に硫黄粉を味噌汁のお椀一杯程度ふりかけることで、問題なく育っている。株元のpHが適正pHに下がるまでには一年ほどかかることを考えると、ラビットアイの好適土壌pHはもう少し広く、四・三～五・五前後ではないかと、私はとらえている。なお、日本の多くの土壌pHは五・八～六・〇ではないかと思う。したがって、これまで石灰などを散布してきた畑でない限り、ラビットアイは直接植えることができるとみている。pH調整は植えたあとに硫黄粉で対応すればよい。

なお、ハイブッシュはやはり、pH四・八以下の強酸性土壌を好む。

耐乾性と耐湿性
——乾湿どちらにも弱いハイブッシュ

ハイブッシュは耐寒性に優れる。このため北海道から九州まで栽培可能である。代わりに耐暑性や耐乾性は劣る。ハイブッシュは果実が大きく食味が優れることから暖地でも導入されることが多いが、枯らしてしまう例があるのは、暑さや乾燥に弱いからである。しかし、あとで述べるように、ハイブッシュでもラビットアイに接ぎ木すれば、寒冷地でも暖地でもうまく育つようになる（36ページ）。

いっぽう、ラビットアイはハイブッシュに比べると耐乾性や耐暑性に優れる。耐寒性は弱い。しかしいわれているほど弱くないので生育は十分するが、寒さが早く来るところでは果実の収穫には間に合わない。関東以南の暖地で栽培することが基本である。

なお、どちらの種類にも共通しているのは、耐湿性が弱いことである。とくに停滞水には弱い。したがって、水はけのよい土壌であればよいが、そうでない土壌では、ひんぱんなかん水はかえって根腐れの原因となることを肝に銘じたい。

表2－1　ブルーベリーの種類による特性の違い

	ハイブッシュ	ラビットアイ
樹の大きさ	1～2 m	2 m以上になる
樹勢	中	強い
果実の大きさ	中～大が多く，大きいものは10円玉くらいになる	小～中が多いが，果実の収量は多い
成熟時期	6月上旬から	7月中旬から
最適土壌のpH	4.3～4.8	4.3～5.5
土壌適応性	狭い	広い
耐寒性	優れる	劣る
耐暑性	劣る	優れる
耐乾性	劣る	優れる
耐湿性	劣る	劣る

※ 果実の大きさや成熟時期などは千葉県木更津市を基準とする
※ハイブッシュには寒冷地向きの北部ハイブッシュと，暖地向きの南部ハイブッシュがある。これとは別に，樹高40㎝前後の観賞用としてローブッシュという種類もある

樹勢
——ラビットアイは強く、生長が速い

ブルーベリーの栽培を始めた当初、まずハイブッシュから栽培し、その後にラビットアイを導入した。このとき、つくづくラビットアイはハイブッシュに比べて樹勢が強く、生長が速いことを痛感した。樹勢が強いということは収量が多いということでもある。とりすぎてもなくなる心配がないので、私の摘み取り園はラビットアイだけで構

成しているほどである。

ハイブッシュの中でも「スパルタン」という品種はとくに樹勢が弱い。果実は大粒なのだが、土壌の適応幅が狭く、育てにくい。しかしこれも、樹勢の強いラビットアイに接ぎ木すれば、よく生育するようになる（36ページ）。

収穫適期――ラビットアイは着色後も完熟するまで待て

一般にハイブッシュは果実が大きく良食味であるといわれている。栽培する生産者も増えている。しかしラビットアイもハイブッシュに負けず劣らずすばらしい食味をもつ。

ハイブッシュは果実全体が色づくと収穫可能だが、ラビットアイは果実全体が色づいてもしばらくの間は硬くておいしくない。これは、それぞれの種類間で完熟までの期間に違いがあるからである。私の経験からいくと、ラビットアイは着色後七～一〇日たつと完熟となる（図２―１）。

こうした特性がこれまで生産者になかなか理解されなかったことから、ラビットアイの栽培が進まなかったのではないかと思う。種類に合った収穫適期を守れば、消費が増え、ブルーベリー栽培はもっと広がるはずである。

❷ 種類別の使い分け方・品種選び

品種選びは栽培の目的で変わる

私のところでは、観光摘み取り園のほかに、苗木販売も経営の柱に据えている。実際、私のもとには、電話での

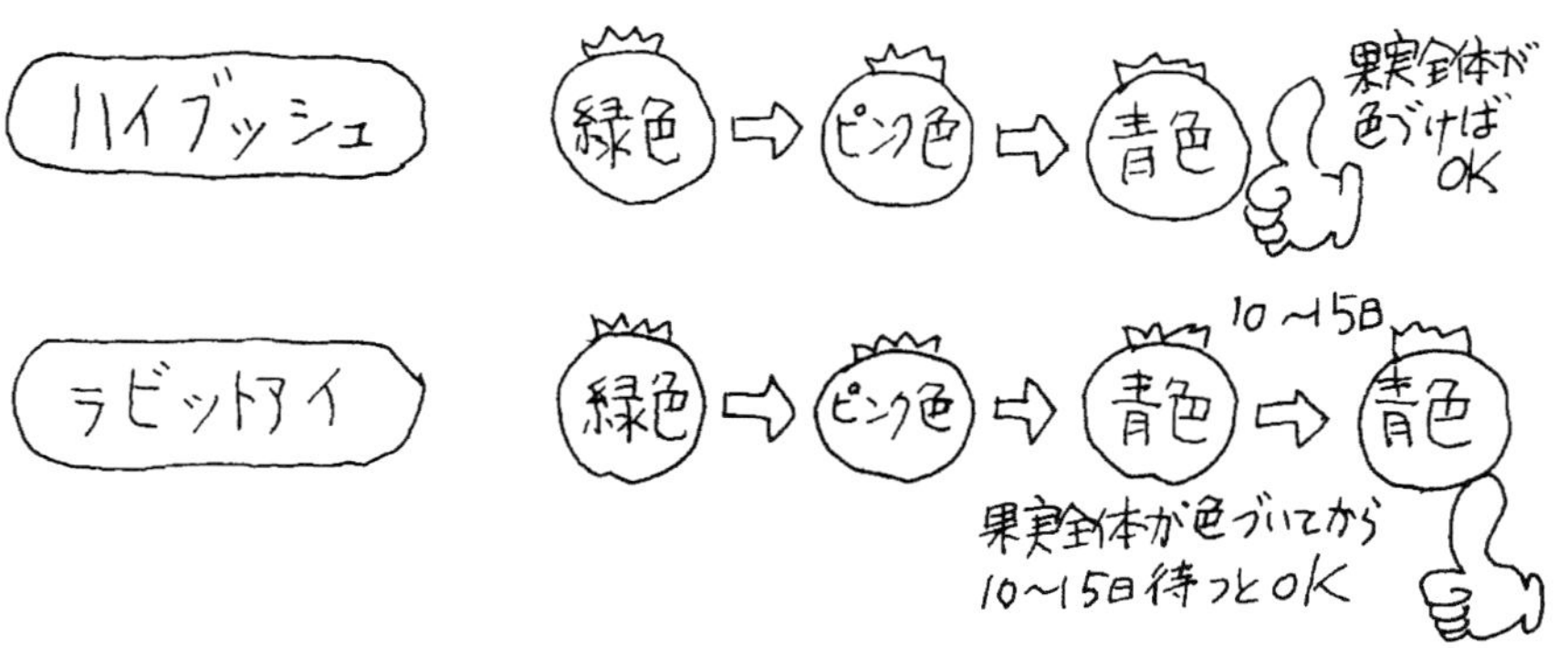

図２－１　ハイブッシュとラビットアイでは収穫のタイミングが違う

苗木注文がしばしば舞い込んでくる。園には視察もひんぱんに来る。これからブルーベリーを始めようとする人も多い。そんなとき、私は第一声、こうたずねるようにしている。

「自家用ですか、それとも販売を考えていますか？　販売なら、市場出荷するつもりですか、それとも摘み取り園ですか？」

まずは先方の目的を正確につかむ。そのうえで、助言するなり、苗木を売るなりする。ブルーベリーは種類で特性が異なり、膨大にある品種もそれぞれに特徴があるからである。

市場出荷は品種を絞る、摘み取り園は品種を増やす

たとえば、市場出荷や直売所販売の場合は、私にいわせると、三～五品種（面積にもよる）に絞り込んだほうがいい。

同じ園にいろいろな品種があると、収穫するときにゴチャマゼになってしまう。そうではなく、店持ちがよく、流通にも耐えられる、実がしっかりした品種に統一したほうがいい。それに、これからの時代は品種名を打ち出して販売するべきだと思う。イチゴを見てわかるように、ただ「イチゴ」といって売ってはいない。ちゃんと品種名がブランドになっている。

反対に、摘み取り園の場合は、品種を増やしてバラエティ感を出すほうが理にかなっている。お客さんに味の違いを楽しんでもらうのである。

早生、中生、晩生と豊富に揃えておけば、熟期が切れ目なく続き、それだけ長いあいだ人を呼べる。

したがって、まずは販売方法に沿った品種選びが肝心である。

地域によって、ハイブッシュかラビットアイか

これからブルーベリーを始める人の在所も重要項目である。たとえば、私の住む千葉県（木更津市）と長野県では、同じ品種を植えても、収穫時期が一カ月もずれることがある。

また、いっぽうでは順調に育つのに、いっぽうではまったく育たない、といった話もありうることで、その土地に適した品種を選ぶ必要がある。

おおまかにいうと、寒冷地ではハイブッシュ、暖地ではラビットアイ。同じ県内でも平場ならラビットアイ、標高の高い地域ならハイブッシュのほうがいいといったパターンもある。

もっとも私は、樹勢が強く多収が望めるラビットアイを高く評価しているので、気候さえ合えば、積極的にラビットアイをすすめることにしている。

表2−2　私がみたブルーベリーの主な品種特性一覧

品種	収穫期あるいは早晩生	果実の大きさ	食味	樹勢	特性
ハイブッシュ					
ウェイマウス	極早生	中粒	中	中	最大の特徴は収穫が最も早いこと。露地よりハウス栽培向き。過熟になりやすい
ブルータ	極早生	大粒	良	弱い	ウェイマウス同様に収穫が早いが，千葉県では暑すぎて育てづらい
アーリーブルー	早生	大粒	良	中	糖度が高く，実もしっかりしている
スパルタン	早生	大粒	良	中	ハイブッシュの王様といえるほど果実品質はいいが，急に枯れ込むことがある
コリンズ	早生	中粒	良	強い	香り，甘さ，舌触りがよい。雨が続くと裂果が多い
デューク	早生	中〜大粒	良	強い	果肉がしっかりタイプで裂果もしない
ブルーレイ	中生	大粒	良	強い	樹勢が強く栽培しやすいので接ぎ木を必要としない。裂果も非常に少ない。実が密につく
ブルークロップ	中生	大粒	良	中	果実の揃いもよく，収量も多い。果肉はしっかりタイプ
ダロウ	晩生	大粒	中	強い	大粒で収量も多く，酸味が強いので加工に向く
デキシー	晩生	大粒（後半は小粒）	良	強い	晩生種になると酸味の強い品種が多いハイブッシュの中でも，おいしい。果肉がやわらかい。摘み取り園向き
ラビットアイ					
クライマックス	極早生	中粒	良	中	中粒だが甘く熟期が揃う。雨がつづくと裂果が多いので本数は少なめに
モンゴメリー	極早生	大粒	良	強い	大粒でおいしく，早生種の摘み取り園向き品種
エッセル	早生	中粒	中	中	ラビットアイでは例外的に完熟しても酸味がある。加工に向く
ウッダード	早生	中〜大粒	良	強い	ホームベル，ティフブルーとともに日本に初めて導入されたラビットアイ。酸味があるのでジャムに最適
ブライトウェル	早生	大粒	良	強い	果肉が硬めでブルームも多く，市場出荷にも摘み取り園にも向く
オースチン	早生	大粒	良	強い	果肉が硬めでブルームも多く，市場出荷にも摘み取り園にも向く
ブルージェム	早生	大粒	良	強い	果皮にブルームが多くてきれい。実つきがよく熟期も揃う
ホームベル	早生	中粒	良	強い	樹勢が強く，ハイブッシュの接ぎ木用台木としても最適

品種	収穫期あるいは早晩生	果実の大きさ	食味	樹勢	特性
ラビットアイ					
フェスティバル（T-107）	早生	中～大粒	良	強い	樹勢は強い反面，収量はやや少ない。後半の果実は小さくなる
デライト	中生	大粒	良	強い	樹は立性。果形は丸く，色づいてすぐ食べても特有の香りがあり，おいしい
メデット	中生	大粒	良	中～強い	黒光りして大きく，やわらかい果実が特徴。甘さはピカイチで摘み取り園向き
ティフブルー	中生	中～大粒	良	強い	ラビットアイのスーパースター。果肉も硬く，出荷，加工，摘み取り園すべてに向く。果実がポロッと落ちるので収穫しやすい
ノビリス（T-100）	中晩生	とくに大粒	良	強い	樹勢は最も強く，収量も多い。出荷，摘み取りともに向く。大株になる
ブライトブルー	中生	中～大粒	良	強い	甘味，酸味ともにあり，果肉に赤みがある。種子も大きめなので加工向き
ガーデンブルー	中晩生	中粒	中	強い	果形は丸く中粒だが，甘さは強い。果肉が赤く加工に向く
パウダーブルー	中晩生	中粒	良	強い	果形は丸く，ブルームが多い。ティフブルー同様に，出荷，加工，摘み取り園すべてに向く
バルドウィン	極晩生	大粒	良	中	熟期が長く，シーズンの最後まである。収量が多い。果形がまん丸で黒く，果肉がやわらかい

※千葉県木更津市における特性である。木更津においては，ハイブッシュの極早生ウェイマウスが色づいて完熟するのが6月1日頃で，ラビットアイの極早生クライマックスが色づくのが7月1～5日で完熟するのが7月15～20日である

❸ 出荷用には硬くて大粒のハイブッシュ

私は出荷用には、ハイブッシュを栽培している（表2―2）。

これはやはり、ハイブッシュはある程度の高単価が見込める早い時期に収穫できることが大きい。

またハイブッシュはとくに大粒の品種が多く、売り場に並べたときに見栄えのする種類である。

ハイブッシュは果実全体が色づいてすぐに食べてもおいしく、収穫適期もつかみやすい。

写真2－1　ハイブッシュ「デューク」
早生で樹勢が強く，果肉も硬い

ブルーベリーのスーパースター、デューク

私がブルーベリーのスーパースターだと思うのが、デュークである。

私は農協を退職してブルーベリー専業農家になったばかりの一九九八年六月、アメリカに渡り、C・M・メインランド博士に聞いた。博士はノースカロライナ州立大学教授で、ブルーベリー研究の第一人者である。「今後アメリカで最も多く栽培される品種は何か」という私の問いに、博士はすかさず「デュークです」と答えたのである。これを聞いて私は、飛び上がらんばかりにうれしかった。すでに私の圃場にはデュークが植えられていたからである。

デュークは一九八五年にアメリカで発表された早生種で、樹勢が強く、樹の伸長も速い。果実は豊産性で、粒も大きく肉質が硬いため、市場出荷に向いている。裂果もしにくい。果実の色もよく、まさにスーパースターである。耐寒性が強く、寒地および一部暖地向きの品種である（写真2―1）。

写真2－2　ハイブッシュ「スパルタン」
大粒で果実品質に優れるが，栽培が難しい

大粒といえばスパルタン

大粒品種の代表格がスパルタンである。大きいのは果実のみならず、花も、葉もひときわ大きく、秋の紅葉も見事である。

一九七七年にアメリカで発表された

早生品種。樹は立性で豊産性。果実の色は明るい青色（明青色）で果肉の締まりもよい（写真2―2）。

ただし、土壌適応性が低く、樹勢が弱いため、急に枯れ込むことがあり、栽培が難しい。果実をつけすぎないようにしたり、樹勢の強いラビットアイに接ぎ木したりするとよく育つ（36ページ）。

写真2―3　ハイブッシュ「コリンズ」
香りがあり，味ではいちばんうまい

味でいちばんのコリンズ

茨城県でブルーベリーを長く栽培されているベテラン農家にコリンズの評価を聞いたところ、私の予想どおりの答えが返ってきて安心したことがある。その内容はこうである。

「ブルーベリーの中でいちばん香りがあり、うまいね。香りと甘さと、噛んだときの舌触りがよくて、口に含むと、とろけるような感じがいいね。長年栽培してきたけど、味に当たりはずれがない。毎年うまい。粒の大きさではスパルタンにかなわないけど、味ではいちばんだよ」

コリンズは早生品種で、樹勢が強く、樹は立性で豊産性である。果実は中粒で果粉が多く、果実の色は明青色。唯一の欠点は、雨が続くと裂果しやすい点である（写真2―3）。

大粒で育てやすいブルーレイ

果実が大きくておいしく、なおかつ樹勢が強くて育てやすいのがブルーレイである。

一九五五年にアメリカで発表された中生品種。樹は立性だが、生長とともに横に広がり、株元からたくさんの徒長枝が伸びる。他の品種と比べて短果枝が少ないため、せん定作業は短果枝を切らないぶん、作業も早く簡単である。

収量は多く、果実と果実が触れ合ってへこむほど実をつける。果実の形は扁円形で、揃いがよく、成熟始めから終わりまで果実の大きさは変わらない。また果実の色は明青色で、果粉も多め。酸味はやや強いが、生で食べておいしい。裂果は非常に少ない。

育てやすく多収のブルークロップ

育てやすく豊産性なのがブルークロップである。ブルーベリー大国であるアメリカでも多く営利栽培されており、ハイブッシュの代表品種のひとつ。一九五二年にアメリカで発表された中生品種。樹は立性で、若木のうちは上に長く伸びるが、結実とともに開張する。

果実は大粒で揃いもよい。色は明青色で果粉も多い。果肉はしっかりとしている。

ジャム加工に最適のダロウ

ハイブッシュは早生種ほど甘味があり、晩生種になるほど酸味が強い品種が多い。そんななかで晩生のダロウは、その酸味を活かして加工用にするとよい品種である。

この品種は果実も大きく、最近大粒の代名詞とされるチャンドラーが登場する前は、スパルタンとこのダロウが大粒の代表品種だった。

4 摘み取り用には完熟タイプのラビットアイ

ラビットアイはまずい!?

先に述べたように、私の観光摘み取り園の品種はすべてラビットアイである（表2―2）。しかし世の中全体では、ラビットアイはおいしくないと思っている生産者がまだ多いのではないかと思う。

昔は日本中、ハイブッシュが主流だった。というのは、ハイブッシュは色づいてすぐに食べてもおいしい。しかし、それと同じ感覚でラビットアイを食べると、硬くて、タネが邪魔で、おいしくない。こんなまずいものジャムにするしかない、というイメージが生産者にも消費者にも根づいてしまったのだろう。実際、ブルーベリーの産地といえば、ハイブッシュに適した寒冷地ばかりだったし、どの参考書にもハイブッシュがメインで書かれていた。

かくいう私も、栽培当初は根っからのハイブッシュ派であった。暖地の千葉県での栽培が難しいのは百も承知、それでもハイブッシュばかりを増やしていった。

色づいて七〜一〇日すると、このうえなくうまい

とはいえ、ラビットアイも少しぐらいは植えていた。ある夏の日のこと。とうに色づいて、完熟しきったラビッ

トアイを食べてみた。

すると、甘くて、やわらかくて、実がひとまわり大きくなっているので、タネもそんなに気にならない。なにしろ、おいしいのである。

収穫適期がわからなかっただけなんだ、と気づいた瞬間である。つまりラビットアイの食べ頃は、色づいて七〜一〇日してから（品種により異なる）。樹上でしっかり完熟させてこそ、真価を発揮する種類なのである。

そうとわかればこんな素晴らしいブルーベリーはない、私は心変わりした。今では観光摘み取り園の品種は、すっかりラビットアイ一色である。開園日も、早生のラビットアイが完熟する七月二十日頃に設定してある。

収量はハイブッシュの倍以上

先にも述べたように、ラビットアイの樹勢の強さもまた摘み取り園向きであるといえる。なにせ多収なのである。私は一〇aに一六六本の樹を植え付けていて、それで約一五〇〇〜二〇〇〇kgの果実を摘める。ハイブッシュのじつに二倍以上の収量である。

ハイブッシュは収穫しだすと、パッパッとなくなってしまう。時間制限を設けている摘み取り園もあるぐらいである。その点、ラビットアイは収穫が追いつかずに、実が落ちるほど。お客さんに存分に食べてもらえる。

古い品種も、味は素晴らしい

ラビットアイの品種は、日本に導入された頃は三種類（ティフブルー、ホームベル、ウッダード）しかなく、ハイブッシュに比べてはるかに少なかったのだが、今では図鑑ができるほどある。ただ、「古い品種＝悪い品種ではない」と、声を大にして言いたい。

新品種は開発するのに諸経費がかかっているので、当然、苗木は高くなる。それに育成地は外国が多いので、日本に適しているかどうか、その善し悪しを見極めるのに五年も一〇年もかかる。だから新品種ばかりを追うのではなく、安くて、素晴らしい古い品種にも目を向けるべきだと思う。

市場出荷には向かず、摘み取り園に向くメデット

その代表例がメデット（メンディトゥ）である（写真2―6）。

摘み取り園の中で、「大粒で非常に甘くておいしい種類がある」と何度も耳にするので、ある日、お客さんにどの樹か尋ねてみた。そのとき、案内してもらった先にメデットがあった。

じつは、メデットは五〇年も前の品種なので、当時は見向きもしていなかった。せいぜい園の「にぎやかし」のために一本植えていた程度。その一本

写真2－4　ラビットアイ「ブライトウェル」
大粒で果肉も硬く，早生ラビットアイのチャンピオン的存在

写真2－5　ラビットアイ「ブルージェム」
多収品種で果実も明るい青色できれい

を、合計一五〇〇本ある樹の中からお客さんは、目ざとく見つけ出したのである。

私は慌てて増殖した。今では摘み取り園の目玉品種である。

果実の大きさは、ラビットアイの有名どころホームベルの三倍はあり、形がまん丸。

写真2－6　ラビットアイ「メデット」
果皮が黒色で目立ち，甘さはラビットアイの中でもピカイチ

表面は黒光りしていて独特である。ラビットアイの中では甘さがいちばんともいえる。

また、果肉がやわらかいので、口当たりがいい。反面、市場流通には不向きである。まさに摘み取り園向きの品種といえる。

「甘い、大きい、やわらかい」が摘み取り園向き

その他、私の園にある三〇種類以上のラビットアイのうち、とくに「これだ！」と思う品種を挙げてみる。

▼クライマックス

ラビットアイの中で最も早く成熟する品種である。摘み取り園は一日でも早くお客さんを呼びたいので、大助か

りである。また、成熟期が揃い、実にあまりバラツキがないので、お客さんは迷わずどんどん摘める。

ひとつ、欠点は雨が続くと裂果することである。そのため市場出荷だと効率が悪い。摘み取り園ならではの品種である。

▼ブライトウェルとオースチン

早生で大粒で、「お客さんの好む味」。果肉はしっかりタイプなので、摘み取り園にも市場出荷にも向く（写真2―4）。

写真2―7　ラビットアイ「バルドウィン」
最晩生の品種で，果実はまん丸。熟期が長く，9月末までとれる

▼ティフブルー

日本に最も早く導入されたラビットアイ三品種のうちのひとつ。

市場出荷、摘み取り園、加工、すべてに向く。いまだにこれに勝る品種はあまりない。

また、実は簡単にポロッと落ちるので、収穫のしやすさも魅力である。おまけに紅葉もきれい。

▼ノビリス（T-100）

非常に大粒で、ラビットアイの中でも大きさはいちばんではないだろうか。

樹勢も強く、大株になるので、実といい、樹といい、迫力満点である。

▼パウダーブルー

性質は、親であるティフブルーに似ているが、中晩生なので、遅くまで収穫できる。市場出荷、摘み取り園、加工すべてに向く。

▼バルドウィン

八月初旬から収穫でき、九月末までひっぱれる。熟期が長いのがありがたい。また、その収量たるや、果実の重みで枝が垂れ下がるほどである（写真2―7）。

この品種もまた、果肉がやわらかいので、摘み取り園向き。

このように、私は「大粒」「高糖度」「やわらかい」「熟期が長い」などの特性をもつ品種が、摘み取り園に有望だと考えている。

写真2－8　ラビットアイに接いだスパルタン8年生。旺盛に生育している。台木から伸びたラビットアイの葉（矢印）だけ色や形が違う

❺ 台木に適しているラビットアイ

ラビットアイの台木に接ぐと、ハイブッシュの樹勢が強まる

　前に述べたように、ハイブッシュはラビットアイに比べると樹勢が弱い。対策として私はラビットアイ（品種はホームベルなど）にハイブッシュを接いでいる。これはラビットアイの樹勢の強さを活かしたやり方で、ハイブッシュが強勢化される。しかも、台木のラビットアイは、ど根性栽培で育てるから、なおのこと強くなる。

　私が栽培するハイブッシュの中で好きな品種は「スパルタン」である。これが大粒で、甘くておいしくて、品種としては最高である。ただ、自根で育てようとしても、なかなかうまくいかないことが多い。やはりハイブッシュは樹勢が弱くて、難しい。

　そこで接ぎ木の出番である。スパルタンから穂木をとって、樹勢の強いラビットアイに接いでやればいいのである。これでハイブッシュでも非常によく生育する（写真2―8）。

　実際に作業するのは、根が水を吸い上げる三月下旬から四月上旬である。やり方をみてみよう（図2―2）。

郵 便 はがき

おそれいりますが切手をはってお出し下さい

3350022

（受取人）
埼玉県戸田市上戸田
2丁目2-2

農 文 協
読者カード係 行

◎ このカードは当会の今後の刊行計画及び、新刊等の案内に役だたせていただきたいと思います。　はじめての方は○印を（　）

ご住所	（〒　－　） TEL： FAX：	
お名前	男・女	歳
E-mail：		
ご職業	公務員・会社員・自営業・自由業・主婦・農漁業・教職員（大学・短大・高校・中学・小学・他）研究生・学生・団体職員・その他（　）	
お勤め先・学校名	日頃ご覧の新聞・雑誌名	

※この葉書にお書きいただいた個人情報は、新刊案内や見本誌送付、ご注文品の配送、確認等の連絡のために使用し、その目的以外での利用はいたしません。

● ご感想をインターネット等で紹介させていただく場合がございます。ご了承下さい。

● 送料無料・農文協以外の書籍も注文できる会員制通販書店「田舎の本屋さん」入会募集中！ 案内進呈します。　希望□

■毎月抽選で10名様に見本誌を1冊進呈■（ご希望の雑誌名ひとつに○を）

①現代農業　②季刊 地 域　③うかたま

お客様コード □□□□□□□□□□

お買上げの本

■ご購入いただいた書店（　　　　書 店）

●本書についてご感想など

●今後の出版物についてのご希望など

この本をお求めの動機	広告を見て（紙・誌名）	書店で見て	書評を見て（紙・誌名）	インターネットを見て	知人・先生のすすめで	図書館で見て

◇ 新規注文書 ◇　　郵送ご希望の場合、送料をご負担いただきます。

購入希望の図書がありましたら、下記へご記入下さい。お支払いはCVS・郵便振替でお願いします。

（書名）	（定価）￥	（部数）　部
（書名）	（定価）￥	（部数）　部

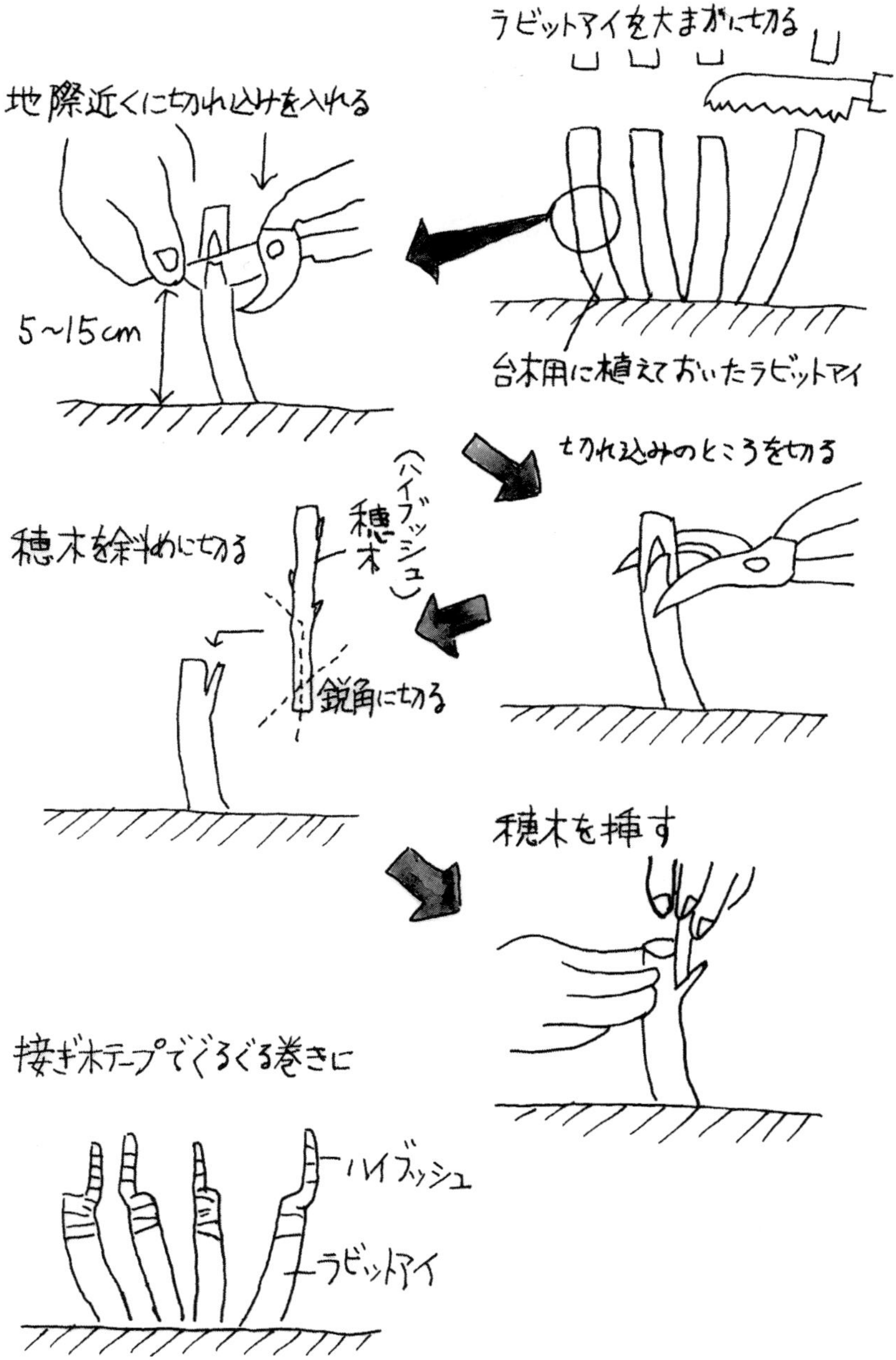

図2−2　樹勢の強いラビットアイを活かした接ぎ木
——ハイブッシュの樹勢を強める

台木は切れ込みを入れてから切る

まずは台木用にラビットアイを植え、二～三年たち、シュート（新梢）が三～四本になったら、そこへ一挙に接ぎ木する。ラビットアイの上部をノコギリで切る。すっきりさせたところで用意するのが、せん定バサミである。

専用のナイフもあるが、じつはこれがいちばん切れ味がよくて、便利である。

せん定バサミの刃の部分を残った枝の側面にグッと押し込む。枝の途中、地際から五～一五cmに接ぎ口をつくるのである。

普通は台木を接ぎたい高さに切るところから始める。しかし、その切り口に切れ込みを入れるとなると、これがなかなか素人じゃ難しい。それよりも、まず切れ込みを先に入れておいて、その位置で枝を切ったほうが簡単である（口絵参照）。

よく伸びるテープが便利

あとはその切れ込みに穂木を挿し込み、固定するだけ。穂木は前年伸びた新梢を冬に確保し、乾かさないようにポリ袋などに包んで冷蔵庫に貯蔵しておいたものである。

ここで用意するのが接ぎ木テープである。七cmおきにミシン目が入っているので、ハサミで切る煩わしさから解放される。七cmなんてすぐに使いきってしまうのではないかと思うかもしれないが、テープはよく伸びる。その七cmで台木と穂木を何重にもぐるぐる巻きにできる。力いっぱい引っ張っても切れない。

昔はビニールテープを使っていたから、伸びないし、扱いづらいし、作業性が悪かった。しかし、今はこのテープのおかげでうんとラクになった。あんまり器用ではない私には、大助かりである。

接ぎ木後は、添え木をし、台木から出る新梢をかき取る。そして二年目から収穫ができるようになる。接ぎ木は、挿し木よりも一年早く収穫できるのもまた魅力である。

写真2－9　私がタネを播いて選抜した小粒の品種（ハイブッシュ種）

❻ オリジナル品種づくりのすすめ

他にはない、まん丸な品種

一・五haある私のブルーベリー園には、二品種だけ、一般流通ではおよそ

写真2－10　私の選抜した大粒品種（ハイブッシュ種）。酸味が強くなくて甘い。果梗も長くて収穫しやすい

写真2－11　ブルーベリーの果実をミキサーにかけ，容器に移す

写真2－12　水を足す。タネをこぼさないように，水と果肉を捨てる。果肉がなくなるまで何度も繰り返す

手に入らない幻の品種が植えてある。それぞれ他に類を見ない特徴を持っている。

　形がまん丸、そして粒が非常に小さい（写真2－9）。最近はみんな大玉志向で五〇〇円玉サイズだといって騒いでいるから、小粒品種はあまり見かけなくなった。私は逆にこれでいけるんじゃないかと思う。ケーキの上にのせたり、使い道はいくらでもある。

　あえて小粒がほ

写真2－13　タネを新聞紙の上に広げて，一晩乾かす

しいというお客さんがいた場合、普通は規格外品を売らざるをえないが、この品種なら大丈夫。はなから小粒が揃うので、「ハネもの」でなく、しかも量を確保して、提供できる。

写真2－14　ピートモス100％の培土に，タネを播く。覆土はしない。上から新聞紙を1枚かぶせておく。品種にもよるが，40日前後で発芽する

もう片方の品種はそれなりに大きい品種である（写真2―10）。ただ、こちらも形が非常にまん丸なのである。まん丸で、かたや小さく、かたや大きい、私はこれを売り文句にしようかとも考えている。もちろん、味も抜群。

タネどりは簡単

じつはこの二つ、どちらも私がハイブッシュのタネから育て上げた、大事な大事な品種なのである。なにせ六〇〇株のうちから、選抜したのがたったの二株ときている。

採種は簡単である。気に入った品種を決めたら、大きめで完熟した果実を選ぶのが鉄則である。そして、いざタネを取り出す段、果実一〇粒程度なら、コップの中で潰して、果肉とタネを分離させる。量をこなす場合はミキサーを使ったほうが手っ取り早い（写真2―11）。そしてコップに水を入れては

捨て、入れては捨てを繰り返し、果肉だけを取り除く（写真2―12）。選り分けたタネを新聞紙の上に広げて、乾かす（写真2―13）。これなら、みんな手作業なので、タネのロスが少なくてすむ。

今日とれば、明日播ける

こうして手に入れたタネは、とりあえず全部播いてみる（写真2―14）。どの作物でもそうだが、タネをとったら一度休眠させたほうがいいといわれる。私も昔は、カメラのフィルムケースに入れて保存していた。しかし、そんなことはしなくてもいいとわかった。今日タネをとって明日播く、これができる。

たとえば、六月にハイブッシュの早生種のタネをとって、すぐに播き床にバラ播きする。播き床はピートモス一〇〇％で、水で練り、平らにした上に乾いたタネをパラパラと播く。発芽に光を必要とするので覆土はしないで、新聞紙を一枚かける。播き終えたら日の当たる場所に置き、乾燥しないように水をかける。これで見事に発芽が揃う。

秋には五～六㎝まで伸びているので、その中から威勢のいい苗のみをポットに植え替える（八月に完熟するラビットアイの場合は、秋に発芽するので翌年に植え替えをする）。このとき第一選抜が行なわれる。その後、定植の際にも第二選抜。さらに苗木畑でも、花がちょっと変わっていたり、実に特徴があったりと、「うん、これは⁉」と思える樹だけ残していく。

とんでもない品種を目指して

タネどりの醍醐味は、オリジナル品種をつくれることにある（タネから育てた苗木は元の品種とはまったく違うものになる）。

五〇〇円玉サイズより、さらに大きな粒をねらうのもいい。あるいは、うちにある早生種より、もっと早くに収穫できる品種を目指す、その反対に晩生なら徹底的に遅く……、そう考えるとおもしろい。

ただ、一般的にはブルーベリーでタネどりしても、その親を超えることは滅多にないといわれている。その点は、重々承知だが、とんでもなくすごいものが出てくるかもしれない。自分でタネどりすれば、その土地の気候や土質に適した品種ができるかもしれないし、病害虫に強い品種ができるかもしれない。

第3章

植え付けてから成らせるまでの管理

――ど根性栽培はここで決まる

❶ 植え付けのポイント

かん水と肥料で早く育てようとしてはいけない

栽培する種類と品種が決まれば、いよいよ植え付けである。ど根性栽培はこの植え付け当初の三年で決まる。そのポイントをまず押さえておきたい。

一般の植え付けでは、早く育てようとして、ピートモスを大量に投入して植え床をつくり、苗を植え、かん水を欠かさずやる（図3―1）。化成肥料は何度かに分けて施す。二年目以降も欠かさずかん水し、化成肥料を何度か施す。しかし早く育てようとすると、つい水をやりすぎて根腐れを起こしてしまう。化成肥料をやりすぎて枯らしてしまう。熱心にやればやるほど枯らしてしまうのである。

だから、ど根性栽培では、三年かけてゆっくり育てる。

一年目、植え付け後の水やりはいっさいしない。ただし、植え付け時に株元を乾燥させないように有機物を厚く敷く。肥料はお椀一杯の油粕を年一回施すのみである。育てようとせず、枯れなければよいと思って育てることが重要である。こうすると二年目、ブルーベリーは自分で育とうとする。三年目あるいは四年目、初めて収穫する。一年目から花が咲いて実をつけようとするが、二年目までは花芽を切り落とし、実は育てない。

なお、ラビットアイは植え床にピートモスを入れない。ハイブッシュにはピートモスと硫黄粉を使うが、ピートモスは一株四〇L程度でよい。

一般の管理とはまるで違うことがおわかりいただけると思う。

三年かけて土地に順応させれば枯れない

こうした植え方の違いで変わってくるのは、根の張り方と土地への順応性である（図3―2）。

大量のピートモスを投入して植えると、多くの根はピートモスの範囲にとどまり、ひんぱんなかん水と肥料により浅根になっていることが多い。だから乾燥や暑さなどでしおれたり、さまざまなストレスで枯れたりする。

いっぽう、ど根性栽培では、その土地の土壌に根を下ろし、三年かけて深く張る。これにより土地に対する順応性が備わり、pHなどの条件が少しくらいズレていても枯れずに育ってくれるのではないだろうか。もっとも大事な

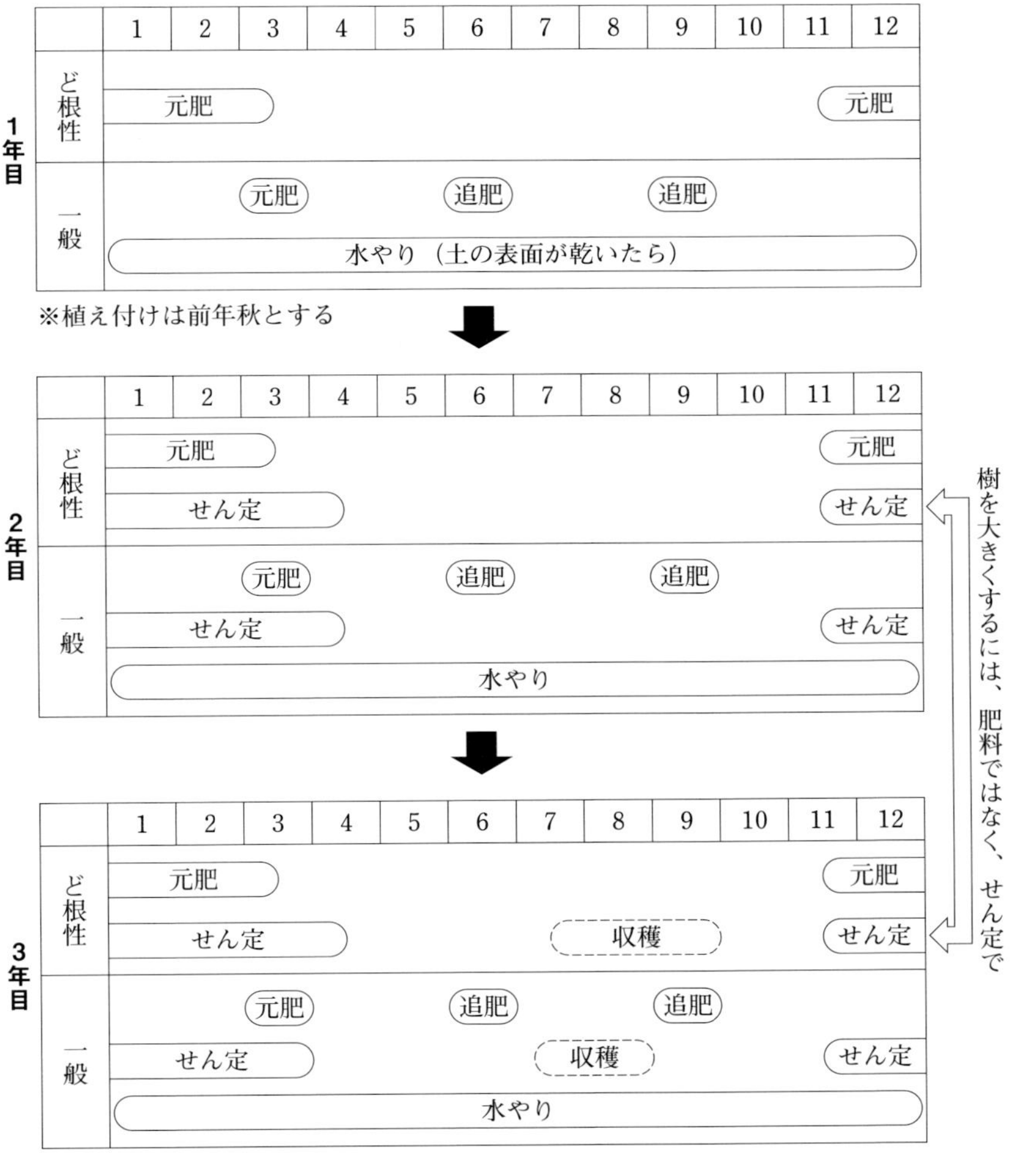

※千葉県木更津市のラビットアイを基準とする
※ど根性栽培では除草剤を使わないので，草刈りを年3～4回やる。元肥は年に1回のみ

図3－1　植え付け3年目までの管理—— 一般の管理との違い

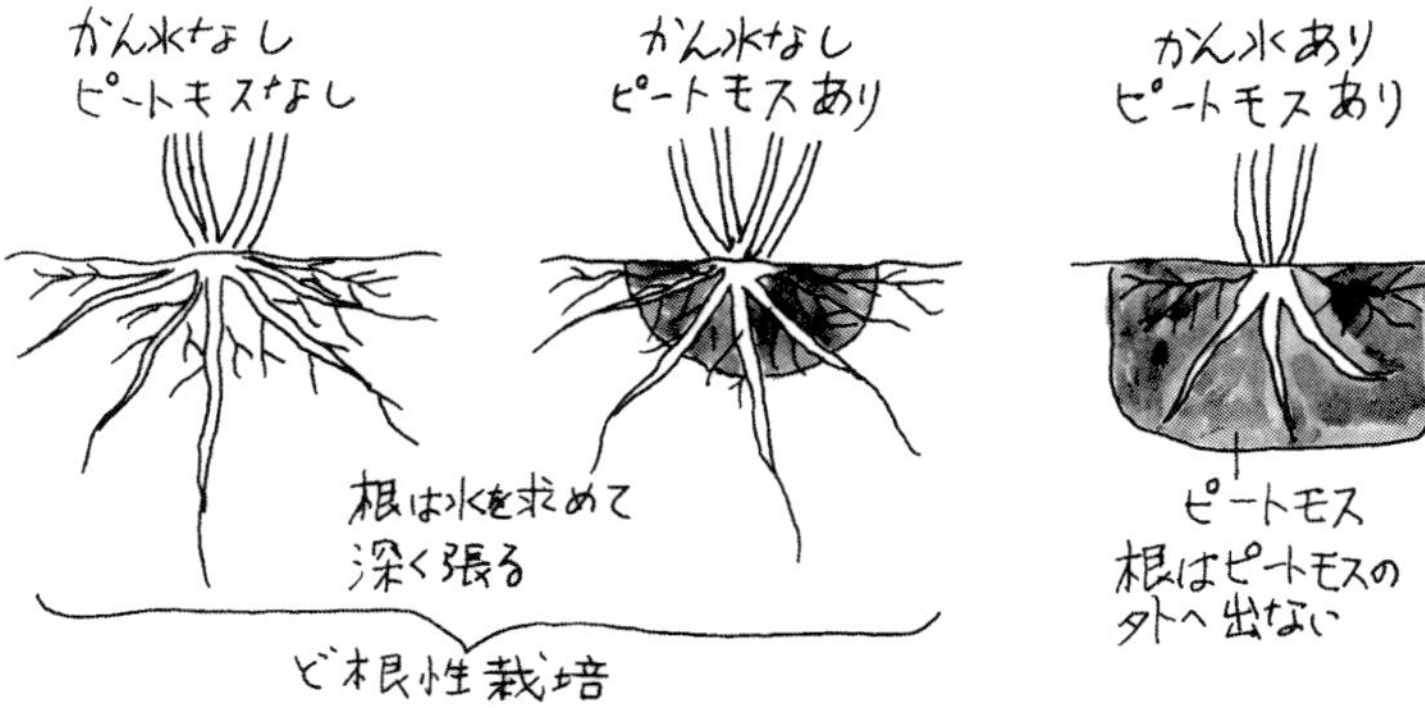

図3－2　植え方の違いと根張り

写真3－1　ど根性栽培で旺盛に育つラビットアイ
（16年生）

のが一年目で、ど根性栽培で最初の夏を越せば、まず枯れることはない（写真3—1）。

❷ 植え付けの実際

種類・土質で変える

さて、植え付けにあたっては、種類と土質で植え方を変えることが大切である（図3—3）。

ブルーベリーの栽培には黒ボク土（火山灰土壌）や砂壌土が適している。こうしたところでは、比較的簡単な植え付け方でよい。いっぽう、土が締まりやすい粘質土で取り組む場合は、排水性をよくするために、耕盤を破砕したり、深耕ロータリをかけたり、明渠を掘るなどの調整が必要である。

また、ハイブッシュは土壌適応性が低いので、厳密にpH調整する必要があ

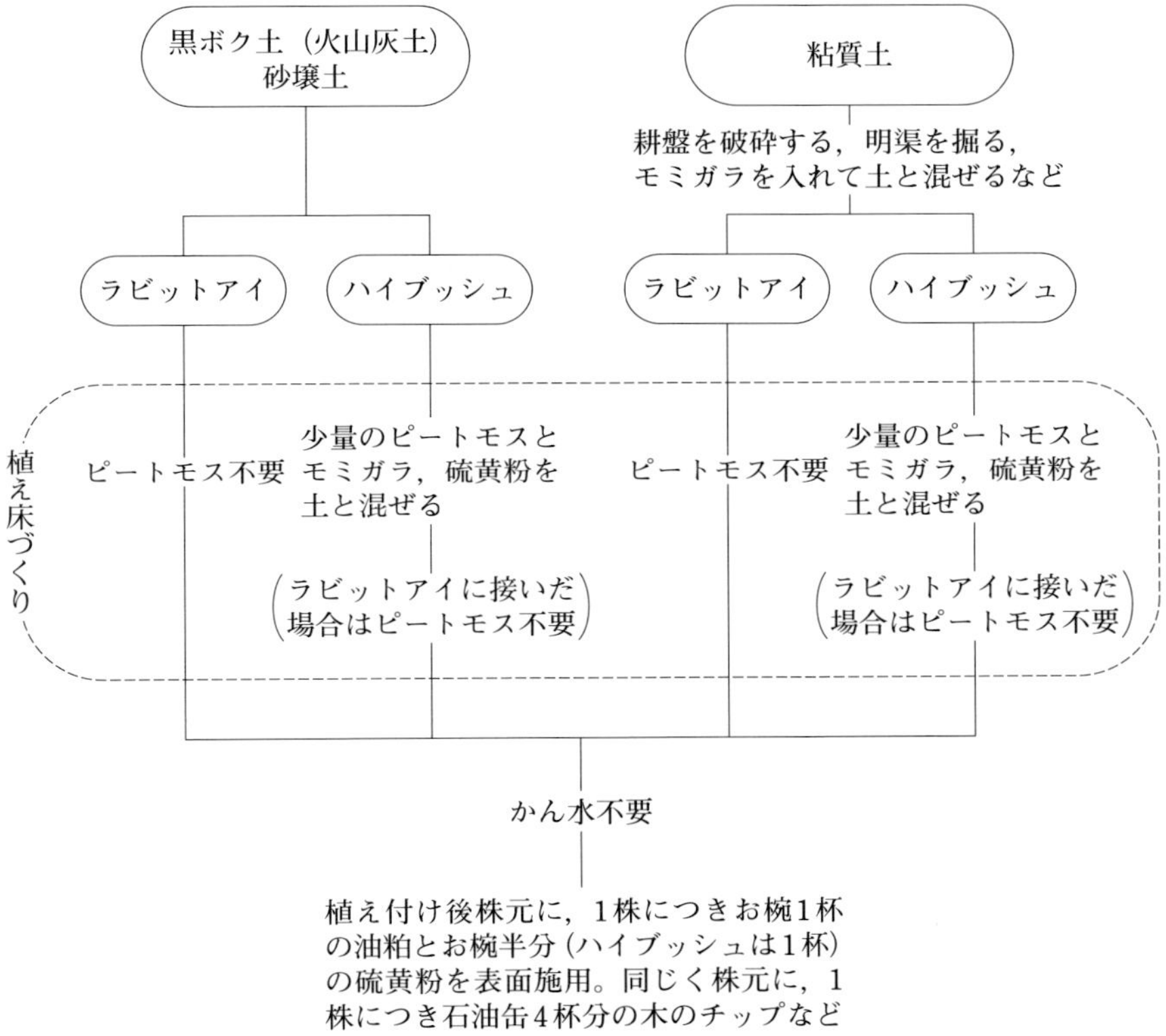

黒ボク土（火山灰土）
砂壌土
粘質土
耕盤を破砕する，明渠を掘る，
モミガラを入れて土と混ぜるなど
ラビットアイ
ハイブッシュ
ラビットアイ
ハイブッシュ
植え床づくり
ピートモス不要
少量のピートモスとモミガラ，硫黄粉を土と混ぜる
（ラビットアイに接いだ場合はピートモス不要）
ピートモス不要
少量のピートモスとモミガラ，硫黄粉を土と混ぜる
（ラビットアイに接いだ場合はピートモス不要）
かん水不要
植え付け後株元に，1株につきお椀1杯の油粕とお椀半分（ハイブッシュは1杯）の硫黄粉を表面施用。同じく株元に，1株につき石油缶4杯分の木のチップなど

図3－3　ど根性栽培の植え付け方

るが、土壌の適応幅が広いラビットアイは大幅に調整しなくとも育つ。

以下、具体的にみていこう。

圃場を選ぶ
——よく育つ黒ボク土、調整が必要な水田転換畑

ブルーベリーの適地は酸性土壌であることは述べたが、それ以上に通気性に優れる土壌がよい。ブルーベリーは停滞水にとても弱いので、水はけのよい土壌であることが肝心である。

私の園地は山のてっぺんにあり、赤土の上に黒ボク土（火山灰土壌）が堆積している。黒ボク土は通気性と保水性がよく、ブルーベリーの栽培に適しており、実際よく生育している。園地内には赤土が露出したところもあるが、傾斜地で水はけがよいこともあってか、生育はよい。ピートモスを入れなくても、硫黄粉の株元施用でラビッ

トアイは問題なく育っている。ピートモスを入れなかったハイブッシュも、収穫は一年遅れたものの、その後は硫黄粉の株元施用だけでよく生育している。山林土壌は落ち葉などが長年堆積して地力があるので、なおさらよく育つのかもしれない。

いっぽう、水はけがよくない粘質土では、ある程度の調整が必要である。粘質土の水田転換畑では、水田の下層一五～二〇cmにある硬い耕盤を深耕ロータリかトレンチャーなどで壊す必要があるだろう。また、モミガラをすき込むなどして、水はけのよい状態にする。畑のまわりに明渠を深く掘るだけでもよい（図3—4）。

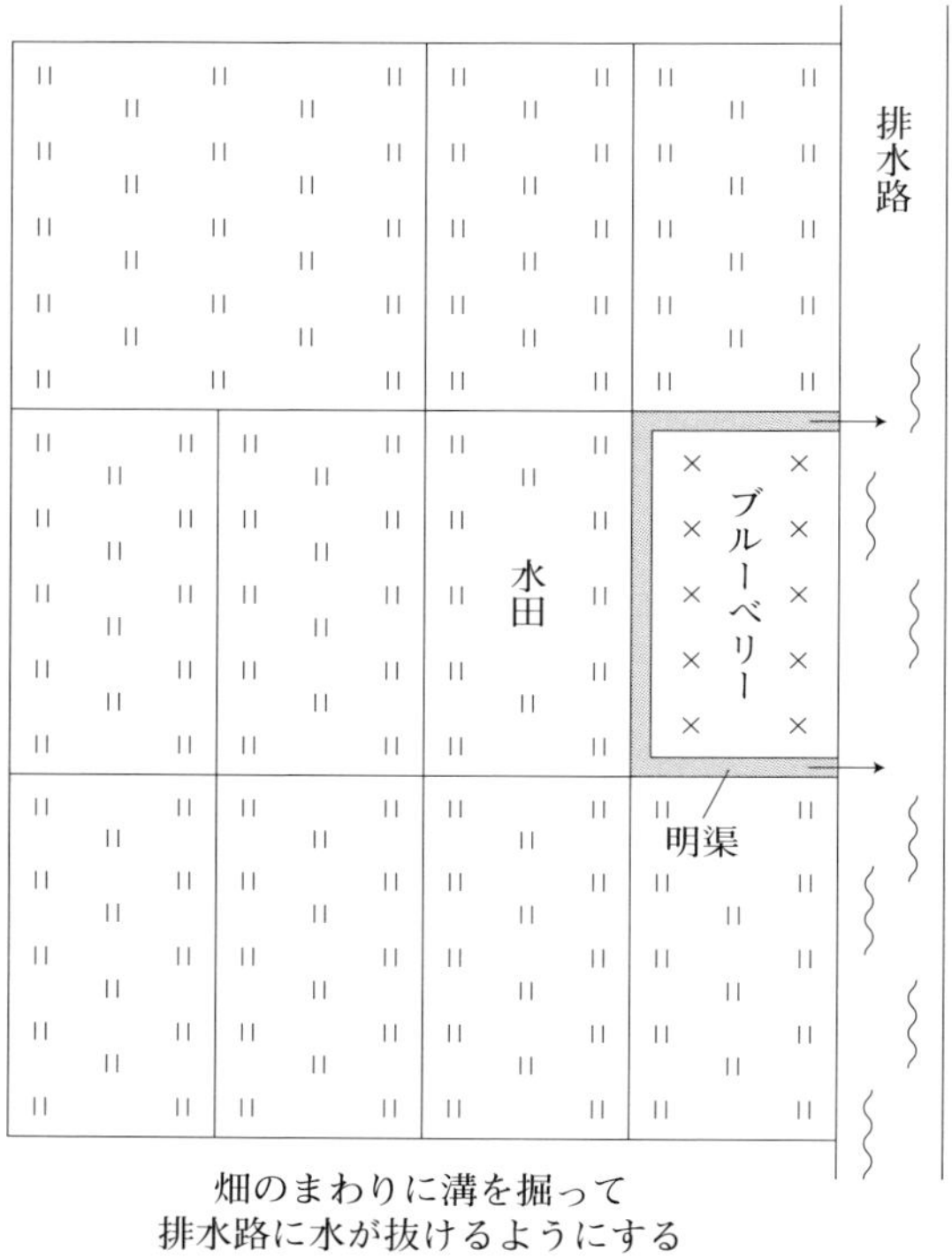

畑のまわりに溝を掘って
排水路に水が抜けるようにする

図3－4　水田転換畑の明渠の掘り方例

あるいは、水はけのよくない水田転換畑に無理に植えるより、山林に植えたほうが有効なのかもしれない。

適期は休眠期

苗木の植え付け適期は休眠期である。雪のない暖地では秋から冬に植えるのがよい。休眠期に植えた苗木は早春に根の活動が始まることで、生育が早まる。

寒冷地では秋植えすると凍害を受けやすいので、春の発芽前が適期となる。

植え付け間隔

——ラビットアイは疎植に

植え付けは、一列か二列おきに異品種を植えて混植する。自家和合性のハイブッシュも、自家不和合性のラビットアイも、混植したほうが結実率が高まり、果実が大きく、成熟期が早まるからである。

植え付ける間隔は、ハイブッシュに比べて強勢なラビットアイはより疎植ぎみにしたほうがよい。

一般には北部ハイブッシュでは列間二・五～三mと株間一・五～二m（一〇a当たり一七〇～二六〇本）、南部ハイブッシュでは列間二～二・五mと株間一・五m（二六〇～三四〇本）、ラビットアイでは列間三・五～四mと株間二～二・五m（一二五～一二〇本）程度がよいとされている。

私は、摘み取り園が主体なので、来園者が快適に過ごせるようにもう少し広めとしている。ハイブッシュでは列間二・五mと株間一・八m（二二〇本）、ラビットアイでは列間三mと株間二m（一六六本）である。ラビットアイの樹が大きくなったときには、一本ずつ抜けば株間四mとなり、十分な広さが確保できる。

植え穴の大きさ
――ラビットアイは小さくていい

植え付け間隔を決めたら、植え穴を掘る。

一般に植え穴は直径四〇～五〇cm、深さ四〇cm程度とされる。ど根性栽培では種類によって変える。

ピートモスを使わないラビットアイでは、ポットの大きさ程度の植え穴でよい。植え床づくりがいらないから、植え穴も小さくていいのである。いっぽう、ハイブッシュは土の通気性をよくするためにピートモスやモミガラを混ぜる必要がある。しかも、根を広く張らせたいので、直径八〇cm、深さ六〇cmの植え穴としている。

植え床づくり（ラビットアイ）
――ピートモスはいらない

何度もいうように、ラビットアイについては、ピートモスによる植え床づくりは不要である。あらためて理由を並べると次のようになる。

◆ピートモスによる植え床は、過乾燥や過湿の害をもたらすことがある。

◆ピートモスによる植え床の通気性・保水性改善は、私の圃場（火山灰土壌）では必要ない。

◆私の圃場pHは五・八前後であり、ラビットアイの適正pHは四・三～五・五と考えられる。

◆pHの調整は、植え付け後に硫黄粉の株元施用でできる。

したがってラビットアイの場合、わざわざお金をかけて、ピートモスを使わなくてもいい。ポットから抜いたラビットアイの苗木をそのまま定植して

ラビットアイの植え方（写真3－2～3－10）

写真3－2　苗木は植える前に強いせん定をする。樹高2分の1～3分の1に切り詰める

写真3－3　列間3m，株間2mに測量して支柱を立てる

写真3－4　鍬で苗木ポットの大きさ程度の植え穴を掘り，草木の根などを取り除く

写真3－5　苗木をポットから抜いてそのまま，深植えにならないように植える。ピートモスはいっさい使わない

写真3－6　両手でしっかりと押さえる

写真3－7　pH調整とイノシシ対策に硫黄粉をお椀に半分程度ふりまく

写真3－8　肥料として，油粕をお碗1杯程度ふりまく。年間施肥はこれだけ

写真3－9　乾燥防止に，1株に対して20L缶4杯分の木材チップを株元に敷く

写真3－10　10 cmほどの厚さに敷いたら，植え付け完了。水やりもしない

ハイブッシュの植え床のつくり方・苗の植え方（図3－5）

◆材料（1株当たり）
硫黄粉　お椀5杯分／ピートモス　40L／油粕　お椀1杯分／竹チップ　厚さ10cm程度

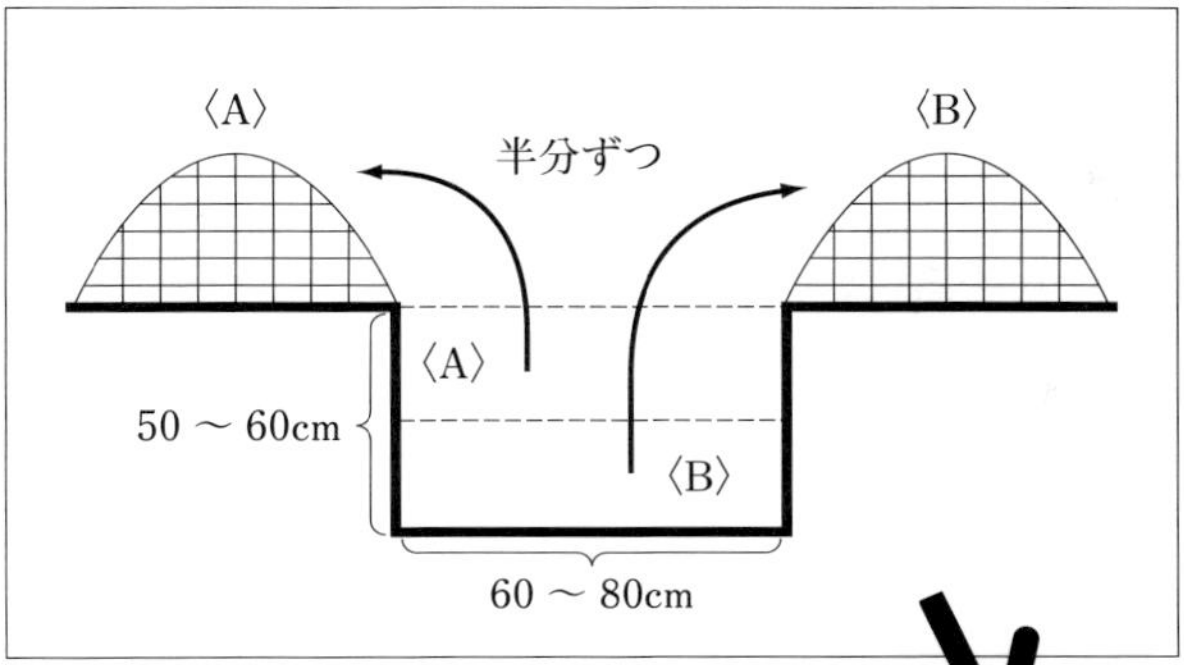

①穴を掘って左右2つに土を分け，硫黄粉（お椀2杯×2）とピートモス（20L×2）を土とよくかき混ぜる

②材料をよくかき混ぜた土を2回に分けて戻す。この状態で必ずひと雨当てる

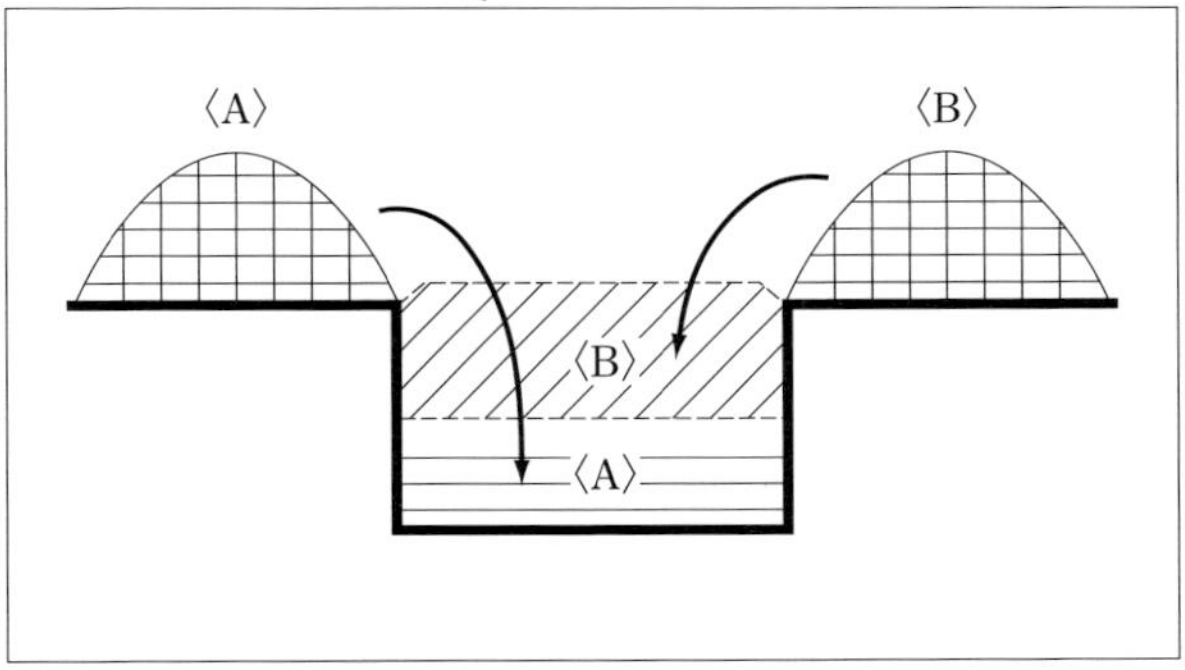

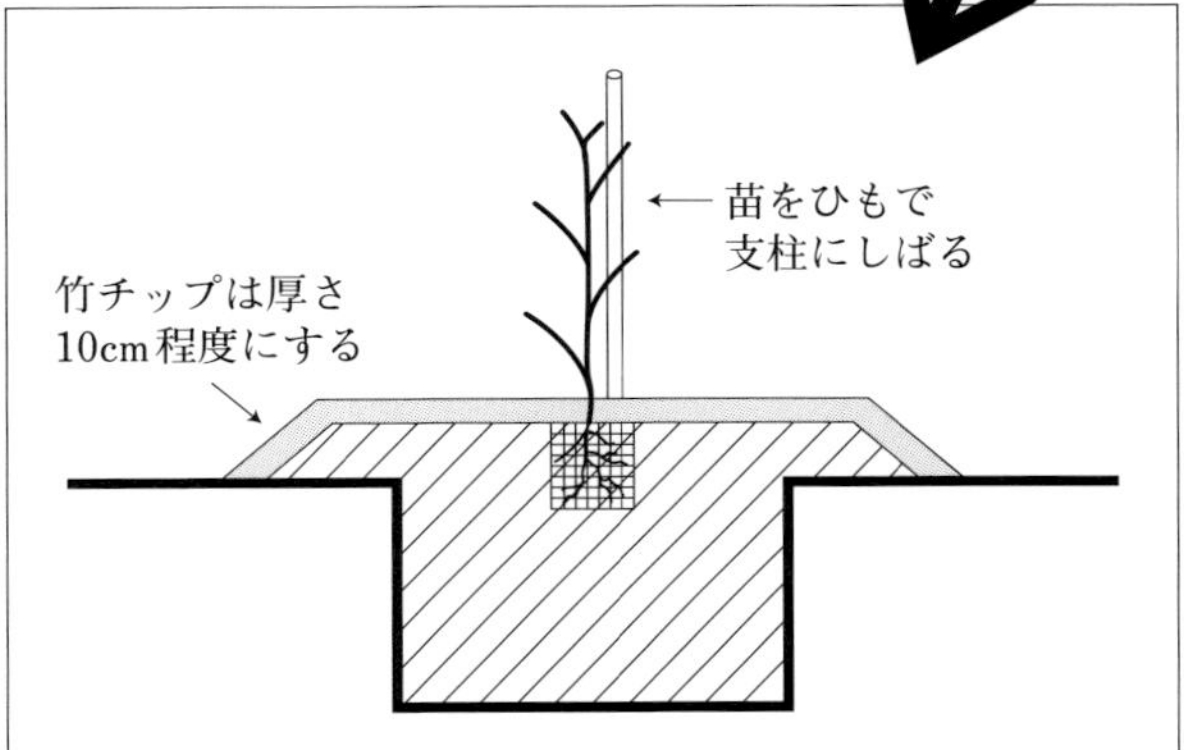

③小さな穴を掘り，苗を植えてから，油粕→硫黄粉（お椀1杯）→竹チップの順に，1カ所に固まらないようにまんべんなくまく

④最後に支柱を立て，苗木が動かないようにひもでしばって完成

から株元に硫黄粉をふればよい（写真3―2～3―10）。かん水も必要ない。どうしても心配な人は、苗を水にドブ漬けしてから植えればよい。

植え床づくり（ハイブッシュ）
――硫黄粉とピートモスを土と混和

いっぽう、ハイブッシュのほうは、ピートモスを一株につき四〇L程度入れている。その理由は次のようである。

◆ハイブッシュは土壌適応性が低く、pHを四・八以下に調整する必要がある。

◆pH調整をしないと、収穫までが一年遅れる。

◆ラビットアイに接いだハイブッシュであればピートモスによるpH調整は不要と思われるが、私が接いでいるのは「スパルタン」だけなので、他の自根ハイブッシュには必要となる。

◆私の圃場のうち、下層の赤土が露出したところでは通気性が劣る。

これらを総合的に判断し、pH調整には硫黄粉を使い、畑の通気性をよくするために一株四〇L程度のピートモスを合わせて入れている。

やり方は次のようである（図3―5）。

掘り上げる土の量が多くなるので、ピートモスと硫黄粉は二回に分けて混ぜる。まず掘り上げた土の半分とピートモス二〇L、硫黄粉を管理機でよく混ぜる。ピートモスの乾燥害を防ぐには、土とよく混ぜることである。もう一回これを繰り返し、植え穴に埋め戻して平らにする。このあと、必ずひと

写真3―11　私が使っている硫黄粉「土壌改革」（細井化学工業）。日本ブルーベリー協会が窓口03-6421-5046

表3―1　土壌のpHを4.5に矯正するために必要な硫黄の量（玉田，1997）

現在の土壌のpH	土壌の種類と施用量（kg /10a）		
	砂土	壌土	埴土
4.5	0	0	0
5.0	20	60	91
5.5	40	119	181
6.0	60	175	262
6.5	75	230	344
7.0	95	290	435

雨当ててから植える。雨がなければ半月でもひと月でも待つ。こうしてピートモスをよく湿らせたら、小さな穴を掘り、苗を植える。

　一株当たり四〇Lのピートモスは決して多くないと思う。一株当たり七〇〜一〇〇L入れるという指導もあれば、多ければ多いほどよいという指導もある。それを思えば、少量でラクである。ひと雨当ててから植えているので、かん水はいらない。

　なお、ハイブッシュのpH調整に使う硫黄粉（写真3―11）の量は、一株当たりお碗四杯で、およそ八〇〇gである。わが園のハイブッシュは一〇a二二〇本植えだから、一〇a約一七六kg施用している。これは、表3―1のように、わが畑（壌土）のpH五・八前後を四・五に下げる量に相当する。

　株まわりにまく油粕（写真3―12）の量は、種類を問わず、幼木なら一株当たりお椀一杯。これだけで一年分をまかなってしまう。お碗一杯の油粕の量は一八〇gである。油粕のチッソ成分は五・三%だから、一株当たりのチッソ成分は約九g。幼木期の施肥量としては、おおよそ一般の基準どおりの施用量である。

写真3－12　私が使っている油粕「菜種粕」（昭和産業）。地元JAから取り寄せている

❸ 植え付け後のかん水

かん水はしない代わりに有機物マルチを欠かさない

　何度もいうように、ブルーベリーは植えて一年目が勝負。過保護にしないのが決め手である。熱心な人ほど水をかけるので、熱心な人ほど枯らしてしまう。水のやり過ぎで土中に水が停滞して、根腐れを起こしてしまうのである。だから、かん水はいっさいしない。一年目は育てようとしてはいけない。枯らさなければ、それでいい。

　苗を定植したら、乾燥防止に株まわりに一〇cmの厚さで有機物マルチをする。私は竹や木のチップ、枯れ草を使っているが、ほかにもワラやモミガラなどでもよい（写真3―13）。これらが水分の蒸散を防いでくれるので、日照りが続いても、マルチの下の土は黒々している。水分はそれだけあれば十分。

　植え付けた年の梅雨明けは樹がしおれてきて、かわいそうに見える。しかし、ここが運命の分かれ道。ここで水をやってしまうと、ブルーベリーは根を下に張ろうとしなくなる。逆に水をやらなければ、ブルーベリーは『見放された』と思って、どんどん根を張る。ここさえ乗り切れば、ブルーベリーは秋には自力で育つようになるから、ググッと我慢のしどきである。

　よく冗談半分で言うのだが、かん水を我慢できる自信のない人は、この時期は畑に行かないこと。行くと水をかけたくなってしまうからである。とくに女性はかわいそうで我慢できないから、夫婦で行かないこと。われわれが夏に冷たい水をいちど飲むと乾きが止まらなくなるように、植物も一回かん水すると毎日やらざるをえなくなることを肝に銘じたい。

　猛暑のような場合でも、水やりではなく、有機物マルチを厚くすることで対応することが肝心である。有機物マルチをしていれば収穫時期に水をやらずにすみ、果実糖度が落ちることもない。

　ブルーベリーは、もともとは日本より雨の少ないアメリカが原産。作物の生理に沿った育て方をするのが、品質を上げる近道である。

写真3－13　苗木の乾燥を防ぐ有機物マルチ。私は山林の木材や竹を粉砕して，木材チップや竹チップを敷いているが，モミガラやイナワラなどでもいい

水やりできなくても育っている

どの本にも『ブルーベリーは水やりが大事』と書いてあるが、そんなことは全然ない。

　私がそのことを理解してもらうために視察者などをよく案内するのは、自宅からほど近い駅の構内である（写真3―14）。そこには、ブルーベリー産地をピーアールするために、ブルーベリーの樹が一三本植えてある。こんなに乾くところで、水なんてかける人は誰もいないのに、ちゃんと育っている。
そもそも私のブルーベリー園も、水やりなんてできない山のてっぺん。それでも、出荷用のハイブッシュ、摘み取り用のラビットアイともども、人間の背丈以上に生長している。

写真3－14　自宅の最寄り駅構内に植えてあるブルーベリー。水やりなしでちゃんと育っている

❹ 幼木と若木のせん定

樹を早く大きくするには強せん定で

幼木と若木のせん定は、強せん定がポイントである。

私が苗木生産を始めた年は、なかなかいい苗木ができなかった。ところが二年目、思いきって株元から強く切ったらよく伸びるようになった。それ以来、苗木は強せん定をしている。

育成中は樹を早く大きくすることが目的である。ここで肝心なことは、化成肥料ではなく、せん定で枝を伸ばすということである。実をつけるわけではないので、切ることをためらう必要はない（図3―6）。ところが、誰しも切りたがらない。それではなかなか樹は大きくならない。樹を早く大きくするには、せん定を強くすることである。枝を二分の一～三分の一まで切り詰めてしまってよい。

植え付け後二～三年はすべての花芽をせん定によって切り落とし、結実させない。早く収穫したい気持ちはわかるが、結実させると、樹はそれ以降急に衰弱する。枯れ込むこともある。二～三年間は結実させないことで新梢や根の生長を促進させ、樹を拡大させるのである。

この間、弱い結果枝をつけた枝はせん定で切り落とす。シュートの出ない樹は二年目も花芽を切り落として結実させない。

定植して三～四年すると、基部の太さ一～二cmの枝が数本でき、主軸枝となり、ブッシュ状の株になる。

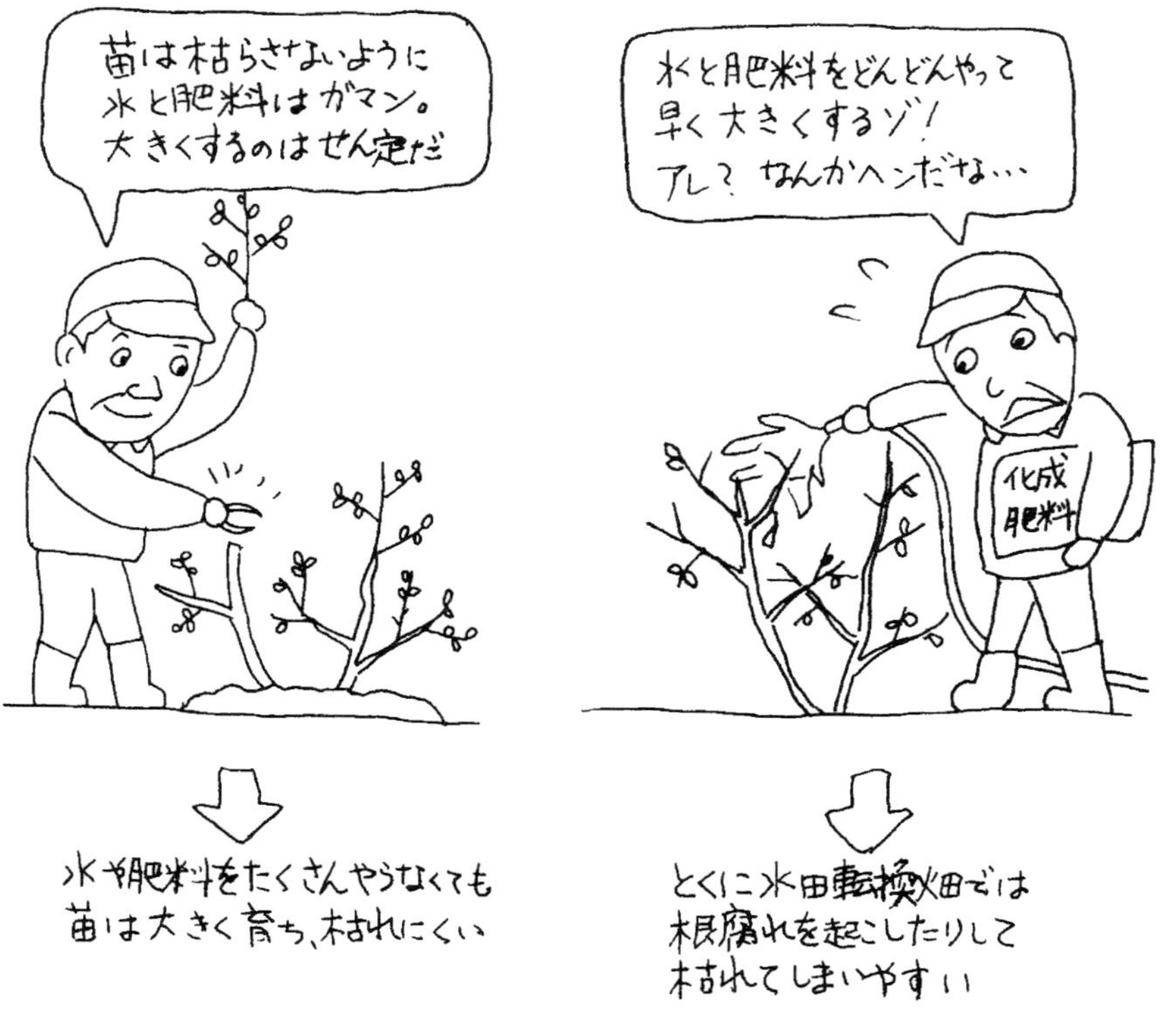

図３－６　幼木は水と肥料ではなく，せん定で大きくする

この時期、樹の中央部で込んでいる部分や強いシュートは切り落とすか、間引く。また、内側に向いた枝や下垂している枝、ぶつかり合うような余分な枝も切り落とす。

果実のミイラ化は心配ない

なお、定植して六～七年目になると、果実がミイラのようにしぼむことがあるが、心配はいらない。

六～七年目ともなると樹が大きくなり、収量も増えてくるが、根はまだ十分に張っていない。したがって照りの強い年は果実が水分不足でしぼむ場合がでてくるのである。根がしっかり張るようになれば、症状はなくなる。

照りが続いて心配なときは、果実を早めに収穫して樹の負担を軽くしてあげるとよい。また、冬のせん定では、花芽を強く切り詰め、実をつけすぎないようにする。

第4章

成木期の管理

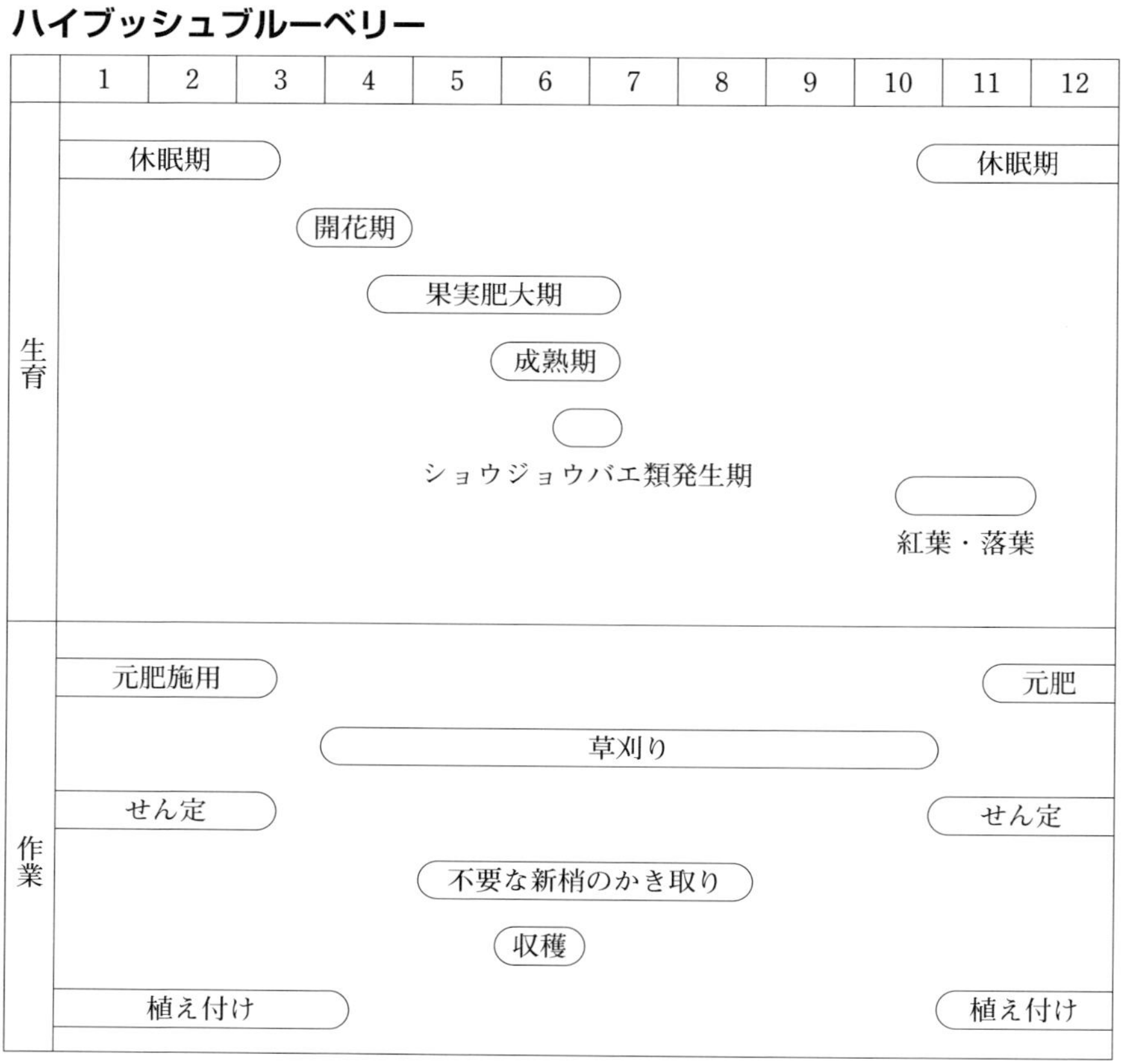

図4－1　成木期の年間作業

❶成木期の年間作業

成木期における管理は次のようである（図4—1、4—2）。

図を見ていただくとわかるように、私は成木期になっても人為的な水やりはいっさいしない。施肥も元肥のみである。農薬は使わない。

せん定と収穫以外で手をかけるとすれば、年に三〜四回刈る草刈りと、不要な新梢のかき取りくらいである。

植え付け当初の三年間のど根性栽培で根を広く深く張らせるおかげで、成木期も省力的な管理ですむのである。

以下、具体的にみてみよう。

ラビットアイブルーベリー

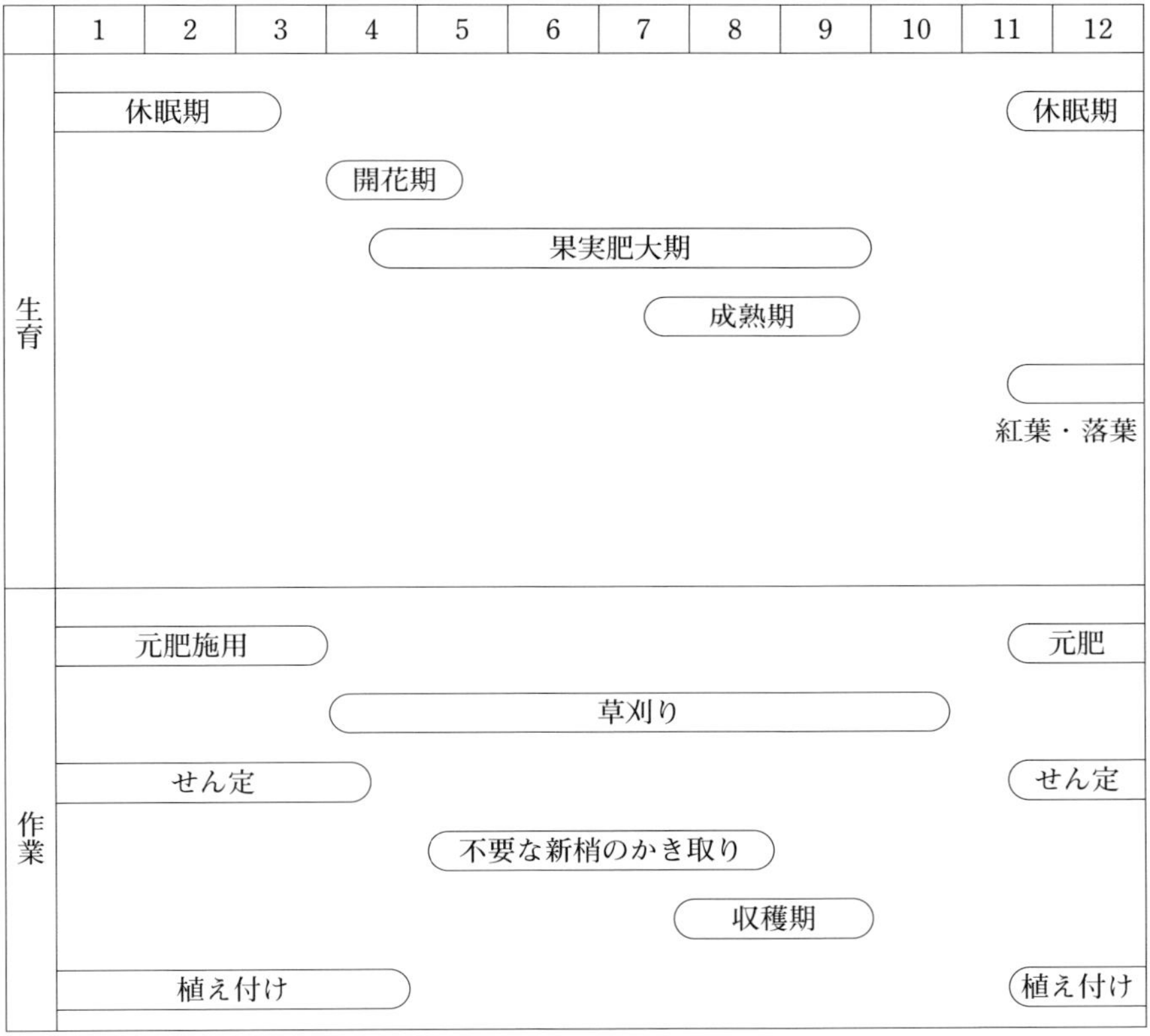

図4－2　成木期の年間作業

❷ 除草

草が水はけをよくしてくれる

私の経営する観光ブルーベリー園の売りは「完全無農薬」である。もちろん、除草剤もゼロ。見ると、園にはいつでも草が生えている（写真4－1）。

近頃では、ハイヒールでも汚れませんなどといって、除草シートを敷いたり、木のチップを敷き詰めたりしている観光農園が非常に多いが、草が生えてこそ畑であり、むしろ草は活かすべきだと考えている。

▼通気性がよくなる

除草シートが敷いてあると、その上を人が踏み歩く。土は硬くなってしまう。ブルーベリーは排水性と通気性のよい土壌でよく育つといわれている。硬い土では不適格なのである。

その点、草は冬に枯れると根も腐り、土の中に根穴をつくり、通気性をよくしてくれる。わざわざ重機を使って高ウネにしたり、明渠を掘ったりしなくても、草が土の水はけをよくしてくれるのである。草は地面を踏みつけるときのクッション代わりにもなる。

▼土が流されない

草のおかげで、土の流亡が少なくなるのも事実である。

大雨が降ったとき、流れる土をせき止めてくれる。それに雨水が直接地面に当たることもないし、草の根が地中に張りめぐらされているので、そもそも土の移動も少ない。

山を開墾してブルーベリーを植えたわが園にとって、これは大きい。傾斜地の畑でありながら、ゲリラ豪雨にも対抗できる。

写真4－1　新植した水田転換畑。苗木のまわりにはスギナなどの雑草をわざと生やしている

▼水気を保つ

伸びた草は刈り取って、ブルーベリーの株まわりに寄せておくのだが、これがまたいい「雑草マルチ」となる。これまで述べたように、私はブルーベリーにはいっさい水やりしない主義。だからといって、まったくのカラカラだと、夏場の干ばつがちょっときつい。それでも雑草マルチがあれば、土からの蒸発を防ぐので、ちょうどいい按配に水気を保ってくれるのである。

▼有機物の補給になる

敷かれた草は、やがては土に還る。これまた土をやわらかくするのに一役買っている。

そのうえ、分解された草は養分としても期待できる。私が意識してブルーベリーに与える肥料は、一年を通して一五年生以上の一株に対して、お椀二～三杯分の油粕だけ。あとは、この草堆肥だけで十分なのである。

草刈りは年に三～四回

ただし、管理は必要である。まずは五月、盛りの草はすでに一m近くまで伸びているので、それを刈り払い機や歩行式の草刈り機で刈り倒す（写真4―2、4―3）。梅雨を経ると、また草は伸びてくるので、今度は開園前の七月に刈る。そして最後は閉園の頃の九月。

八月中も、休園日に草を刈っていたことがあったが、今はあまりそんなことはしない。最近は夏に雨が少なく、意外に草は伸びてこない。それに摘み取り園の営業中は、お客さんが草を踏みつけてくれるので、そう差し支えはない。九月まで放っておいても大丈夫である。

写真4－2　刈り取り前。丈が伸び，歩くのに支障をきたす草は刈り取る

写真4－3　刈り取り後。刈った草は，ブルーベリーの株元にマルチしておく

❸ 害虫対策

ショウジョウバエは問題なし、摘み残しは地面に落とすのみ

ブルーベリーにも害虫はつく。

果実を加害する害虫の主なものは、オウトウショウジョウバエである。この小さな虫は梅雨の頃から、過熟してやわらかくなった果実や株元に落下した果実に卵を産み付け、穴をあけてしまう。触るとつぶれる。

対策としては、摘み残しを手でバラバラと地面に落とすことにしている。

ただ、一般には「摘み残しも落下した果実も園から一掃すべし」と指導されることが多い。害虫を誘き寄せてし

写真4－5　コウモリガ等の対策に有機物マルチをどけて，株元をきれいにしている

写真4－4　株元に侵入したボクトウガの糞

まうからだ。ところが、気温の高い真夏には、ショウジョウバエは出ない。果実を落としておいても、なんら心配はいらない。本当に被害が深刻なのは入梅の頃である。

だから私は、出荷用のハイブッシュにしても、その時期に熟期がぶつかる中生と晩生ははなから栽培せずに、梅雨より先に収穫が終わる早生のみ栽培している。こうすることで園に棲みつくショウジョウバエ自体の数を少なくしている。出荷用のハイブッシュ園と摘み取り用のラビットアイ園は隣接しているため、経営の主体であるラビットアイ園の被害が最小限になる。

写真4－6　ケムシは見つけたら捕殺する程度で，あまり気にしない

コウモリガ等は針金で刺殺

枝や幹を加害するコウモリガは、成虫が秋に産んだ卵が翌春孵化、株元の雑草で生育したあとに幼虫が幹の基部に侵入する。ボクトウガも幼虫が幹に侵入して食害する（写真4―4）。いずれも生育期に枝や幹をよく観察し、幹に幼虫の侵入口や虫の糞を見つけたら、針金などを刺して殺す。農薬など使う必要はない。幹に侵入した幼虫は

いずれ穴から出ていくし、穴があいても枯れることは少ない。ただし、株元の有機物マルチをどけて、株元はきれいにしている（写真4―5）。

イラガの幼虫は葉裏から葉肉を食べ、表皮だけ残す。さらに、収穫時に幼虫に触れると強烈な毒害を受ける。休眠期の株元近くをよく見て、イラガの幼虫の入ったウズラの卵に似た硬い殻を見つけたら、せん定時にハサミで切り落とす。

葉を食害するケムシやミノムシなどは、見回りのときに捕殺し、安易に殺虫剤を使わないで無農薬栽培に徹するようにしたい（写真4―6）。

❹ 鳥害対策

正確に成熟期をねらうヒヨドリ

ブルーベリーの果実は成熟期を迎えると、さまざまな外観に変化する。濃い緑色からうす緑色に、そして乳白色に変化しながら急に肥大して明青色になる。また、品種によっては、うす緑色からピンク色に、そして青くなるものや黒っぽくなるものもある。

この変化を栽培者のほかに、じっと観察しているものがいる。ヒヨドリである。待望の収穫を今か今かと楽しみにしていると、いつまでたっても成熟しない、そのうち果実がなくなってい く――このような体験が誰にもあるだろう。ヒヨドリが日の出とともにブルーベリー狩りをしているのである。

木の実を好むヒヨドリは、ブルーベリーの成熟期を正確に知っていて、人間より先に収穫してしまう。その作業は非常にすばやく、果実を丸ごと食べてしまうので証拠を残さない。完全犯罪である。ねらう果実も、成熟したものだけで、未熟果には見向きもしない。

決め手は防鳥ネット

対策として、案山子、鳥追いテープ、目玉ボール、磁石などたくさんあるが、利口な鳥たちはたちまち慣れてしまう。そこで、いちばんの決め手は二〇㎜目の防鳥ネットで樹を覆う方法である（写真4―7）。

圃場に鉄パイプを立て、園全体を覆う。わずかなすき間でも鳥は見逃さず侵入するので、念入りに覆う。

写真４－７　ハイブッシュ園の防鳥ネット。収穫前に園全体に広げて覆う

なお、六月上旬から成熟するハイブッシュには鳥害対策が必ず必要だが、七月中旬から成熟するラビットアイは、私の園では必ずしも必要ではない。渡り鳥のヒヨドリは、毎年その頃になると、判で押したようにいなくなるからである。おかげで、反当たり七〇万～八〇万円もするネット設置の経費もいらないし、お客さんには「ネットがないからいいですね」とか「広々としていていいですね」と喜んでもらえる。

ブルーベリー栽培にネットはつきものと、みな定植時に設置する。だが、必要かどうか観察してからでも遅くないと思う。

❺スズメバチ対策

ペットボトルトラップで捕殺

観光摘み取り園では、スズメバチが命とりになることがある。

今から七年前のこと。まるで、イナゴの大群のようにスズメバチがこぞって押し寄せてきた。時期は九月に入ってすぐであった。

幸いハチたちは完熟果に夢中で、人への影響はなかったが、これがもし摘み取りのお客さんを刺そうものなら……、その年はやむなく早めに閉園することにした。次の年からは、もう営業できなくなるのかと思った。

そこで、対策を練った。ちょうど、ブルーベリーのハチミツをとるために西洋ミツバチを飼いはじめた頃でもあったので、その指南役の先輩から、スズメバチを捕まえる方法も教わったのである。その方法とは、ずばりペットボトルのトラップ（写真4―8）。以来、私は毎年ブルーベリー園にワナを仕掛けるようになり、自分なりの工夫も重ねた。おかげで今ではスズメバチの密度が減り、収穫期も問題ない。

写真4－8　スズメバチを捕まえるペットボトルのトラップ

春先の女王バチを捕える

スズメバチ一掃作戦のカギは、なんといってもワナを仕掛ける時期にある。春の彼岸過ぎから六月中旬までが勝負である。一般にはスズメバチが問題になるのは、収穫期の夏場であるが、夏場に大量に殖えた働きバチを退治しても手遅れである。春先にまず、女王バチを抑えておきたい。

スズメバチの生活史は一種独特である。まず、新女王バチが羽化して、巣を離れるのは秋。春に生殖活動を行なうミツバチとは違い、スズメバチはこの時点で早くも交尾を終え、スギやヒノキなどのウロ（窪み）で越冬する。そして、春の四月初旬から五月下旬にかけて、順次活動を再開（冬眠から覚めるのに個体差がある）。この時期の女王バチは、樹液を吸って体力をつけたり、巣作りの場所を探したり、二～四週間はあちこちうろうろ飛び回っている。

そして、晴れて棲む場所が決まれば、せっせと巣作り、しかも最初はたったの一匹で。その巣に産卵した後も、なにかと忙しく、幼虫のエサ集めやら、巣を拡大するための材料集めやら……、そんな孤独な作業が、最初の働きバチが羽化しだす六～七月まで続く。それでようやく安泰、外には出ずに、産卵に専念する。そこで、女王バチが単独で巣を作ったりエサ集めをしたりしている時期をねらって、ワナを仕掛ける。春に女王バチを一匹捕獲することは、夏に一群まるまる捕まえることと同じである。

実際、仕掛けたペットボトルには、大型の女王バチたちが、多いときで、

写真4－9　ペットボトルのワナにかかったスズメバチ。羽がぬれて飛べないので，よじ登ろうとしているが，手足がすべって出られない

一つのペットボトルに三〇匹以上入る。主にオオスズメバチやキイロスズメバチである（写真4―9）。

平成十九年にいたっては、園全体で合計五〇〇匹も捕まえた。

中身は　梅酢、ブドウ酢、リンゴ酢

中身は、梅酢、ブドウ酢、リンゴ酢の三種混合液（いずれもスーパーで購入）。これが原液のまま等分ずつ、一つのペットボトルの中に入っている（写真4―10）。これがスズメバチを誘き寄せる。

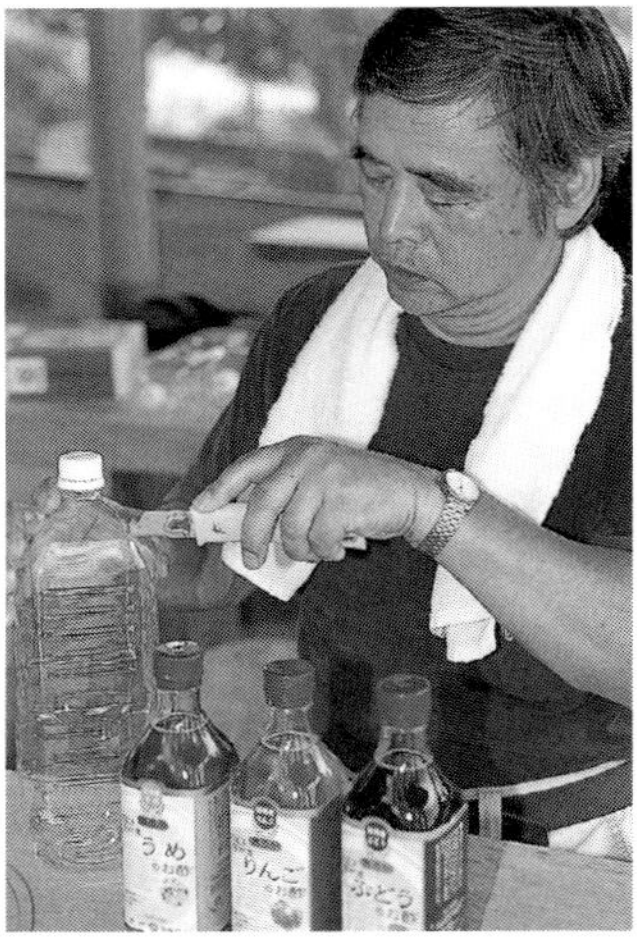

写真4－10　手前にあるのが，ペットボトルの中に入れる梅酢，ブドウ酢，リンゴ酢

以前は、日本酒や砂糖やジュースを入れたこともあったが、入るのは蛾やチョウやカナブンばかりで、肝心のスズメバチは入らなかった。そこで、梅酢を入れてみたところ、ちゃんとスズメバチが入るようになった。さらに三種混合にしてみたところ、てきめんに入る量が増えたのである。

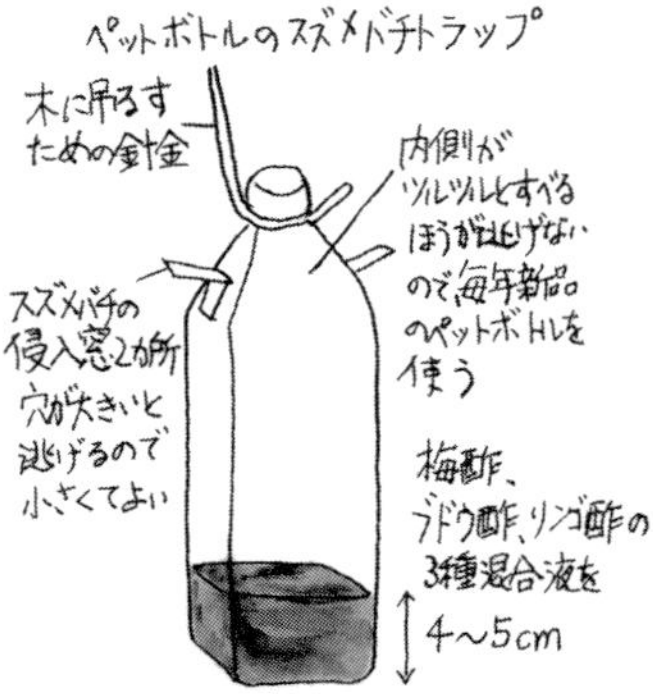

図4－3　ペットボトルのスズメバチトラップ

ペットボトルに入れる果実酢の量が少なすぎると、スズメバチは溺れない。かといって、多く入れすぎるとお金がかかってしまう。目安はペットボトルの下か

ら四～五cmまで（図4―3）。そこに溺れ死んだ女王バチがたまったら、一度、ボウルやバケツに中身を全部あけて、ハチだけ取り除く。三種混合液は再びペットボトルに戻す。あとは、減った分をちょっと注ぎ足すだけでいいので、きわめて安上がりである。

ワナはツゲの樹にぶら下げておく

現在、設置しているワナの数は、一・五haの面積で一五～二〇。ただ闇雲に数を増やせばいいというものでもなく、ポイントを押さえることが肝心。どうやら広々とした場所に吊るしておくのがいいようである（写真4―11）。それから、四月になると園の近くにあるツゲが花を咲かせて、ハチが集まってくる。その樹にも必ずぶら下げておく。

写真4－11　スズメバチトラップは広々として明るいところに仕掛ける

❻施肥

よく伸びるから肥料をやりたくなる

ブルーベリーの収穫を終えたら、施肥期となる。

ブルーベリーの施肥は、一般に春肥、夏肥、秋肥などと回数を分けて施すとよいとされている。春肥（元肥）は果実肥大のため、夏肥（追肥）は花芽の形成をよくするため、秋肥（追肥）は樹体内の貯蔵養分を蓄え、翌年の開花結実をスムーズにするためなどの施肥といわれている。しかし、私にいわせると、何回にも分けて施すことが結果的に多肥となり、過繁茂や生育不良の原因となっている。

確かにブルーベリーは、アンモニア態チッソ主体の化成肥料を適量施用するとよく伸びる。伸びるとさらに肥料をやりたくなるが、アンモニア態チッソは速効性で、株元に集中して施すと肥料焼けを起こす。とくに幼木で根量が少ない場合に起こる。その結果、突然葉がしおれて枯死するのである。このようなことは絶対避けなければならない。

元肥として一年分、油粕のみ

ブルーベリーは野菜と違って永年作物なので、有機質肥料で樹をゆっくり大事に育てる有機栽培を基本としたい。

私は落葉後の休眠期に、油粕を元肥として一年分を施肥する。施肥量は、油粕を一株当たりお椀三杯程度である。幼木ならお椀一杯、成木ならお椀三杯という目安だが、植え付け後一五年以上たった現時点では、ブルーベリーの生育が十分すぎるぐらいなので、お椀三杯分の油粕さえも減らそうかと考えているところである。

なお、お碗三杯分の油粕は五四〇g。わが園のラビットアイは一〇a当たり一六六本植えだから、一〇a約九〇kg施用している。一〇a二二〇本植えのハイブッシュでは、一〇a約一二〇kg。油粕のチッソ成分は五・三%だから、一〇a当たりのチッソ成分でラビットアイは約四・八kg、ハイブッシュは約六kgである。いずれも、千葉県の施用チッソ成分基準一〇a八・九kg（種類共通）と比べて半分ほどしか与えていないことになる。それでも十分すぎるほど収穫できている。

ただし、施肥量ほど土壌条件によって左右されるものはない。施肥量は、その地域、その土地の条件で変わる。私のいう施肥量も、あくまでも目安としてほしい。

農協の営農指導員をしていた頃、先進地の視察に行くと、園主が現物の肥料を前にして施肥量などをきめこまかく説明してくれた。農家はそれを熱心にメモして帰り、自園にそのとおりの施肥量を散布した。その結果、多肥による枯死である。先進地は水はけのよい砂地で、どんなに肥料をやっても抜けてしまいやすい土地であった。そのことを考慮しないで、聞いたとおりに施肥してしまったのである。私の園地は山林を切り拓いた黒ボク土で、地力のあるところなので、少肥ですむのかもしれない。

施肥位置は樹冠の外周部。有機物マルチを熊手でいったんどけ、油粕を施したらまた戻しておく。

硫黄粉がイノシシよけになる

なお、この休眠期の施肥のときに、併せて硫黄粉もお碗三分の一杯、もしくは四分の一杯を株元に与えている。

これは、pH調整に加えて、イノシシ忌避効果をねらっている。実際、硫黄粉を散布しない通路部分は掘り返されても、硫黄粉をまいた株元はまったく掘られない。

❼せん定

せん定は、十一～三月の休眠期に

葉もすっかり散り終えて、樹が休眠を始める十一月から、せん定時期となる。せん定時期も、ハイブッシュとラビットアイでは若干異なる。成熟時期の早いハイブッシュは紅葉も落葉も早く、そのぶんせん定も早く始められる。期間は翌三月までずうっと続く。もちろん、次に成る実の品質をよくするためと樹勢のバランスをとるためである。

せん定と聞くと、経験とセンスがものをいう匠の技が必要な気がしてしまうものである。だが、リンゴやナシと違って、株元から枝がたくさん出るブッシュ状のブルーベリーはあまり細かいことを気にする必要はない。

また、せん定は講習会どおりにやる必要もない。講習会ではすべて一律に大きい実をつくるためにやるが、せん定は収量を減らす作業でもある。せん定量は樹によって、目的によって変えなくてはいけない。大玉をめざすなら強く切るし、摘み取り園のように収量をめざすなら弱く切ったほうがいい。具体的にみていこう。

枝整理のためのせん定
――光が入るように、大胆に切る

まず強調したいのは「思いきりのよさ」の大切さである。

その年、実を成らせた枝は、もはや「ご用済み」だから、切ってしまう。ここでブルーベリーの結実までの経過をたどってみると、まず春に新梢が出る、その先端部に夏から冬にかけて花芽がつく。そして翌年に結実、となる(図4―4)。だから一度実をつけた枝は大胆に切り落としてしまい、近くにある新しい枝(その年の春に出た枝)にバトンタッチするのである(図4―5)。

チンチクリンな枝も、すべて元から切ってしまう。つまり、長さが五cm以下の枝は、おしなべて取り除く。たと

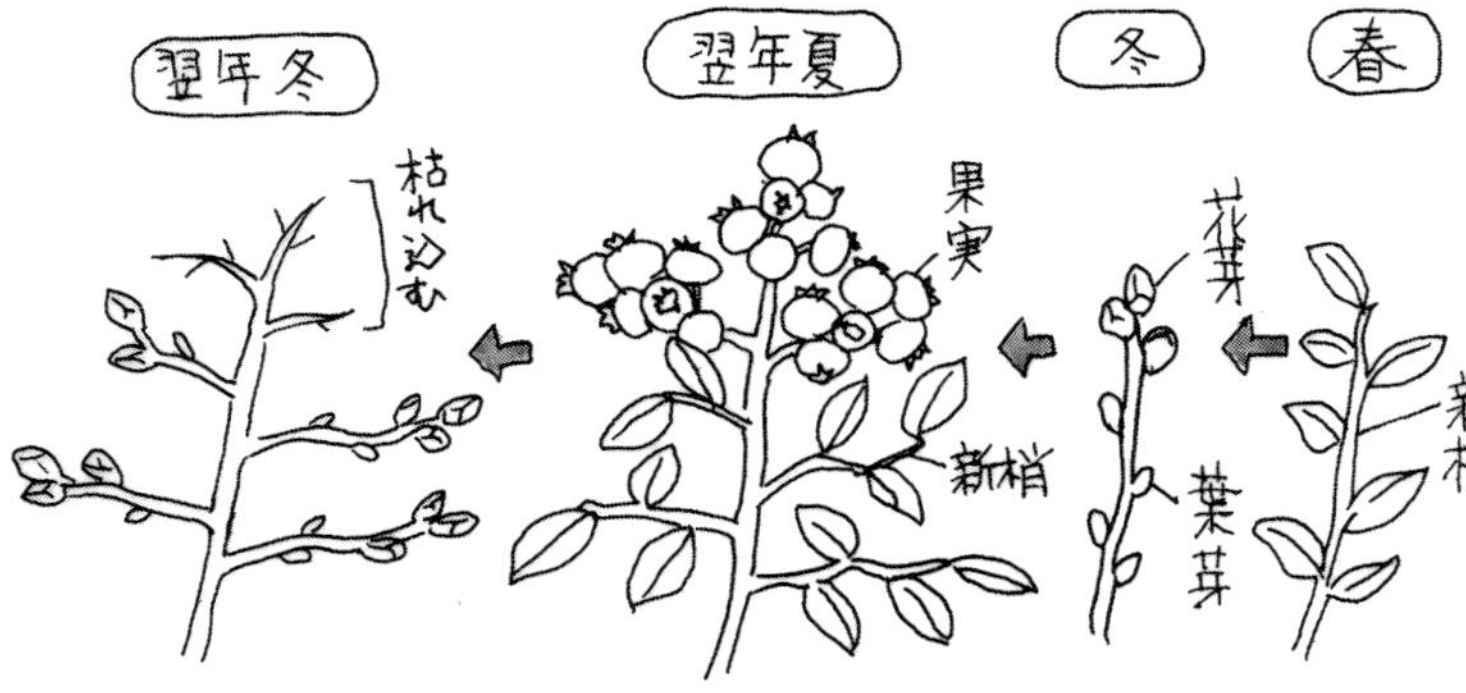

図4－4　ブルーベリーの実のつき方

え花芽がついていたとしても、間違っても、欲はかかないこと。短くて弱々しい枝には、いい実などつきはしないのである。

その他、一年枝でも（花芽がついていても）、場合によってはバッサリと切り落としてしまうこともある。たとえば、内側に向く枝は株内が込み合う原因になる、地面のほうへと垂れ下がる枝にはいい実が成らない、天に向かって勢いよく伸びる徒長枝に結実させても収穫するとき手が届かない……、などの理由である。

と、ここまでが、株の中に十分な光を呼び込むための「枝整理」の話。光合成の効率を上げるための、また、大きくて色づきのいい実を得るための基本技術である。ハイブッシュでもラビットアイでも同じことがいえる。

写真4－12　ハイブッシュは花芽を3～4つ残して切り詰めると大粒が揃う

花芽整理のためのせん定
——残す花芽の数を品種で変える

続いて、今度は残した枝の扱いである。ここからは、品種ごとにやり方が違う。

▼ハイブッシュ——三～四芽残す

ハイブッシュは、多くの本に書いてあるやり方でいい。すなわち、花芽を三～四つ残すようにして切り詰める

（写真4—12）。ただ、それだと一枝に一〇ぐらいついている花芽の半分以上を落とすことになってしまうが、それでかまわない。

心理的なもので、もったいなくて花芽を落とせない人も多い。しかし、花芽が一〇個だからといって、実が一〇個しか成らないわけではない。ひとつあれば、そこからたくさんの実が成る。花芽を整理しないと、今度は逆に成りすぎになってしまう。実は小玉にしかならないし、樹にも負担がかかりすぎてしまう。

花芽の制限は、大玉で揃えることが目的なのである。私は、ハイブッシュは贈答用や農協に出荷しているので、とくにそこには気をつけている。

▼ラビットアイ——六〜八芽残す

ラビットアイの花芽は一枝一〇とはいわず二〇はいく。それをハイブッシュのように、三〜四芽残して切っていたのでは、とてもではないが収量は望めない。そこで、花芽はハイブッシュの倍ぐらい残す（市場出荷の場合）。

写真4－13　花芽の切り詰めをしないため，実がぎっしりとついて垂れ下がるラビットアイ（品種はティフブルー）

杓子定規に「三〜四芽」とするのではなく、そもそもの花芽の数が多ければ、それに合わせて残す分も多くする（図4—6、75ページ）。

ラビットアイの魅力は、これまでも紹介してきたとおり、「強樹勢」の「多収」である。枝の伸びがよければ、たくさんの実に耐えられるだけの体力もある。その特性をみすみすムダにするようなことはしない。

ただ、「ハイブッシュ三〜四芽」「ラビットアイ六〜八芽」という目安も、私の地域だからいえることでもある。冬場寒くて寒害が心配される地域や、遅霜常習地は、もう一芽二芽残して、保険をかける配慮も必要である。

摘み取り園なら枝整理だけでいい

さらに、観光摘み取り園ではまた事情が違ってくる。私は、ラビットアイでの花芽整理のためのせん定（結果枝の切り詰め）はしない。枝の整理だけして、あとはそのままの長さで残すのである。

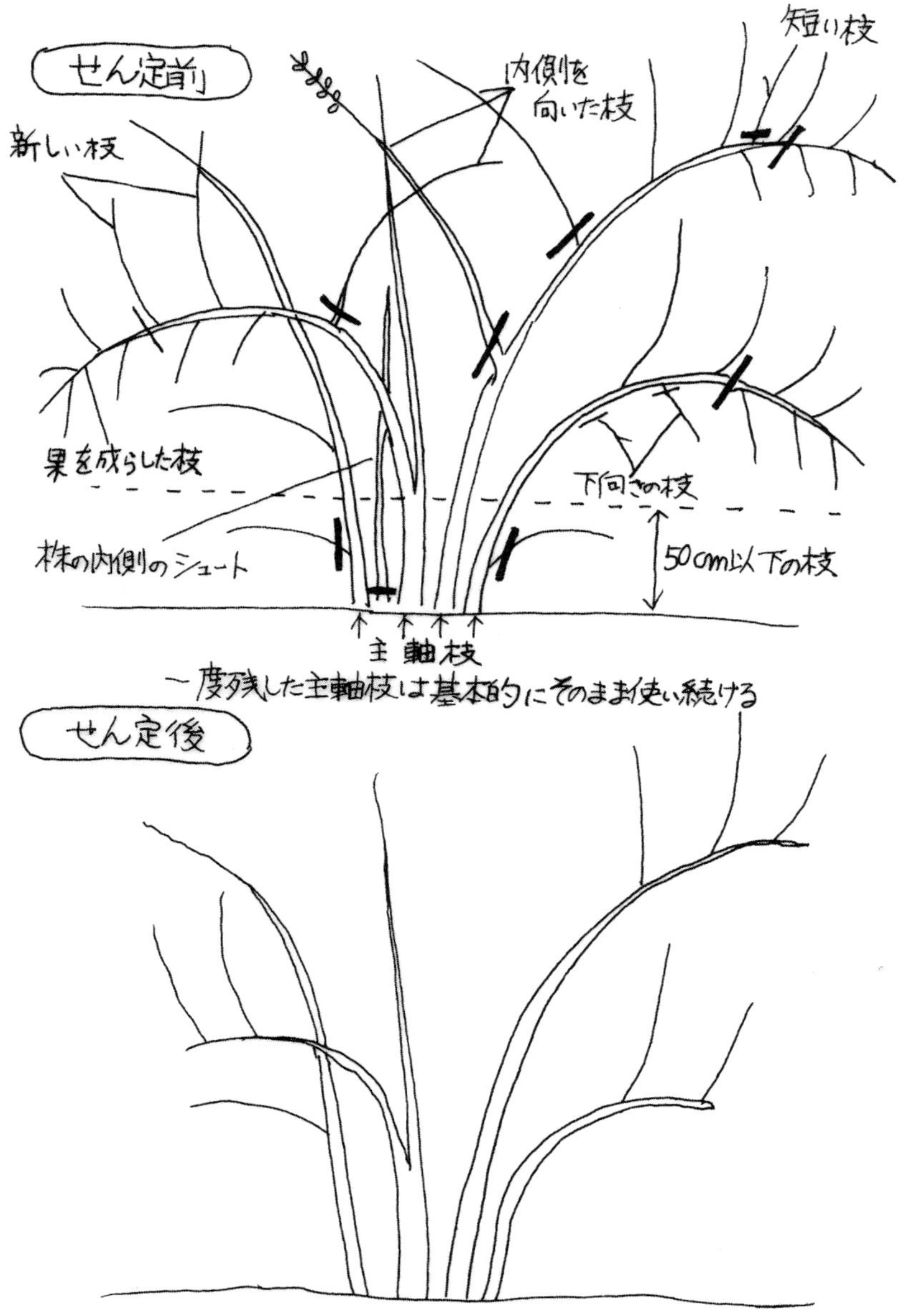

図4－5　ブルーベリーのせん定

市場出荷のように、ほれぼれとした実をつけるようなせん定をしていたのでは、経営が成り立たない。それよりも収量。熟期を長くすることも重要である。

　たくさんの実がついていれば、当然、早く色づいたり、あとから色づいたりと、ひと枝の中でも熟期にバラツキがでてくる。市場出荷ではアダとなるこの現象も、摘み取り園ではむしろ都合がいい。それだけ収穫が長引き、お客さんがいつ来ても楽しめるからである。もっとも、ハイブッシュでこんなに成らしたら、樹が枯れてしまう。ラビットアイならではの経営戦略ともいえる。

　ただし、例外もある。甘くて大粒の「メデット」（メンディトゥ）は、ラビットアイの中でも指折りの着果量を誇る。放っておくと、花芽が一枝三〇はラクに超えてしまう。このように極端に花芽が多い品種は、その数を半分ぐらいに減らすのである。

主軸枝は使い続ける

　続いて、主軸枝の扱いを見ていきたい。主軸枝とは、他の果樹でいうところの主幹や主枝に当たる部分で、樹の骨格を成している。私は、ハイブッシュで一株三〜五本、樹勢の強いラビットアイでは多めに三〜八本残している（図4―5）。

　主軸枝候補になる枝（シュート）は、成木になってからでも次々と伸び出してくるので、古い枝を間引いて、新しい枝を残せば、それで更新になる。毎年、主軸枝の二〇％くらいを順次入れ替えていくのが理想だという人もあるが、私は、そのへんはあまり気にしていない。使える枝をわざわざ切る必要もないからである。

　よっぽどの場合、たとえばコウモリ

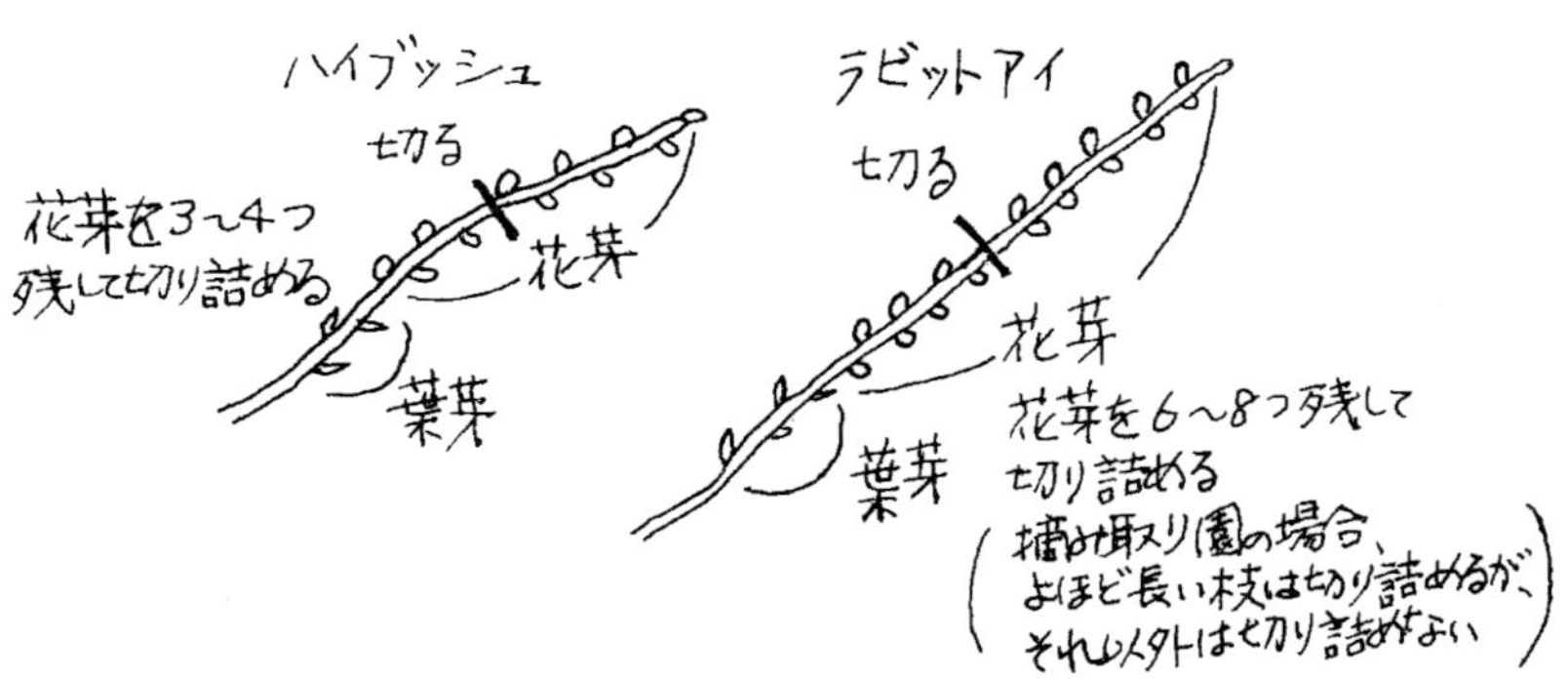

図4－6　花芽のついた枝の切り方

ガが入ってしまったり、収量が極端に落ちてしまったりした枝だけ、更新することにしている。

　あるいは、私のど根性栽培の樹は一般より枝の寿命が長いのかもしれない。

新しく出てくるシュートは、ひたすら切り払う

　そうなってくると、今度は毎年メキメキと伸びてくるシュートの処理をどうするか、である。答えは簡単、根元から切り払ってしまうだけである。株の外側に生えている枝は、夏場の草刈りついでに刈り払い機で切断。株の内側に生えている枝は、冬場のせん定の際に除去する（図4―5）。

　こうしないと、枝葉が込み合って、株の中に光が入らなくなってしまう。

　例外は株を拡大したい場合のみである。「ここに主軸枝を一本増やしてもいいかな」と思える位置に出てきたシュートだけは残すことにしている。

　これらの話は、ハイブッシュよりも、シュートの発生が甚だしいラビットアイに対して、とくに有効である。

一五年目にして主軸枝を一挙更新

　さて、いくら樹勢の強いラビットアイといえども、同じ主軸枝を使い続けていると、さすがにくたびれてくるはずである。収量も減少。そこで、植え付け一五年目を目安に一挙更新を敢行する方法もある。主軸枝をすべて、思いきって地際一〇～三〇cmで切り詰めてしまうのである。

　仮に二月に切ったとすると、その年のうちにはもうシュートが出てくる。一株で二〇本はくだらない。長さもどんどん伸びていき、花芽をたくさんつける。それを翌年の二月に、枝ぶりや枝の出ている位置を考えながら、適正本数になるように整理し（余分なシュートを間引き）、実を成らせる。つまり、収穫を一年休んで、樹の若返りを図るわけである。

一株おきの一挙更新で、未収益期間をなくす

　といっても、この一挙更新、なにも畑一面同時に実施するわけではない。植え付けて一五年目にさしかかる列のみを、あるいは主軸枝が手首ぐらいの太さになるまで巨大化し、老朽してしまった列のみを対象とする。しかも、その列の中でも、更新するのは一株おきである（図4―7）。

　残された株にしてみれば、しめたものである。ラビットアイを株間二mで植えているので、それが一時的に四mになって、一株当たりの使える空間が広々とする。その結果、古い株でも元

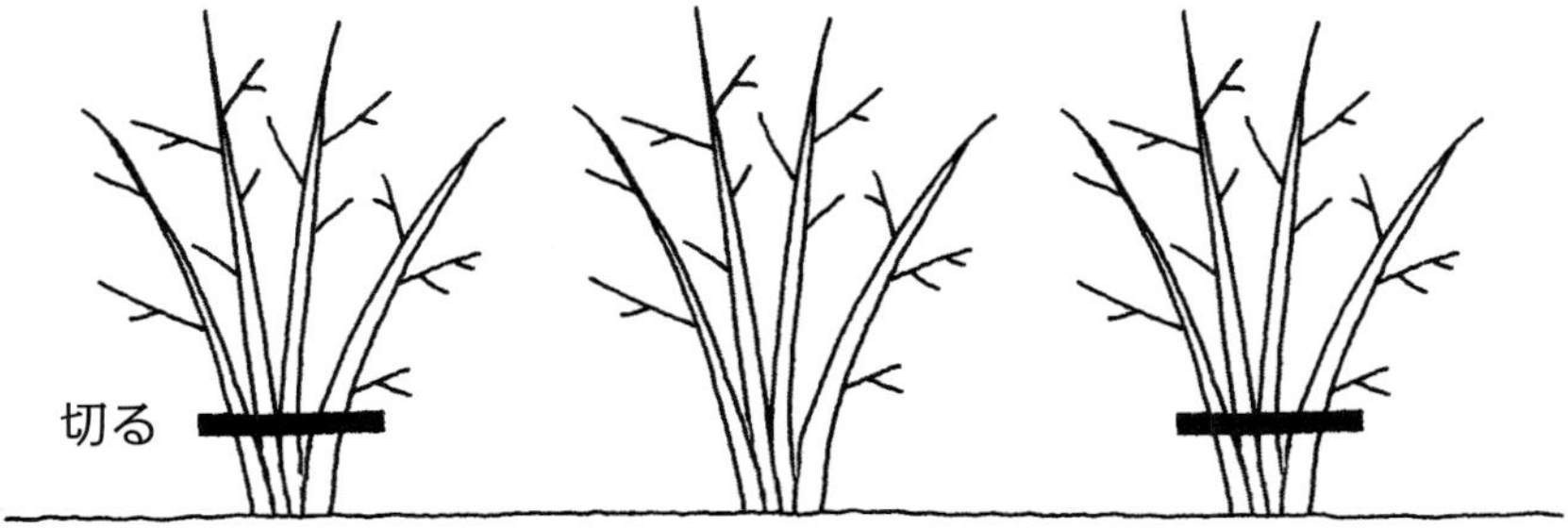

冬場，株をひとつ飛ばして，地際10～30cmの位置で切り詰める

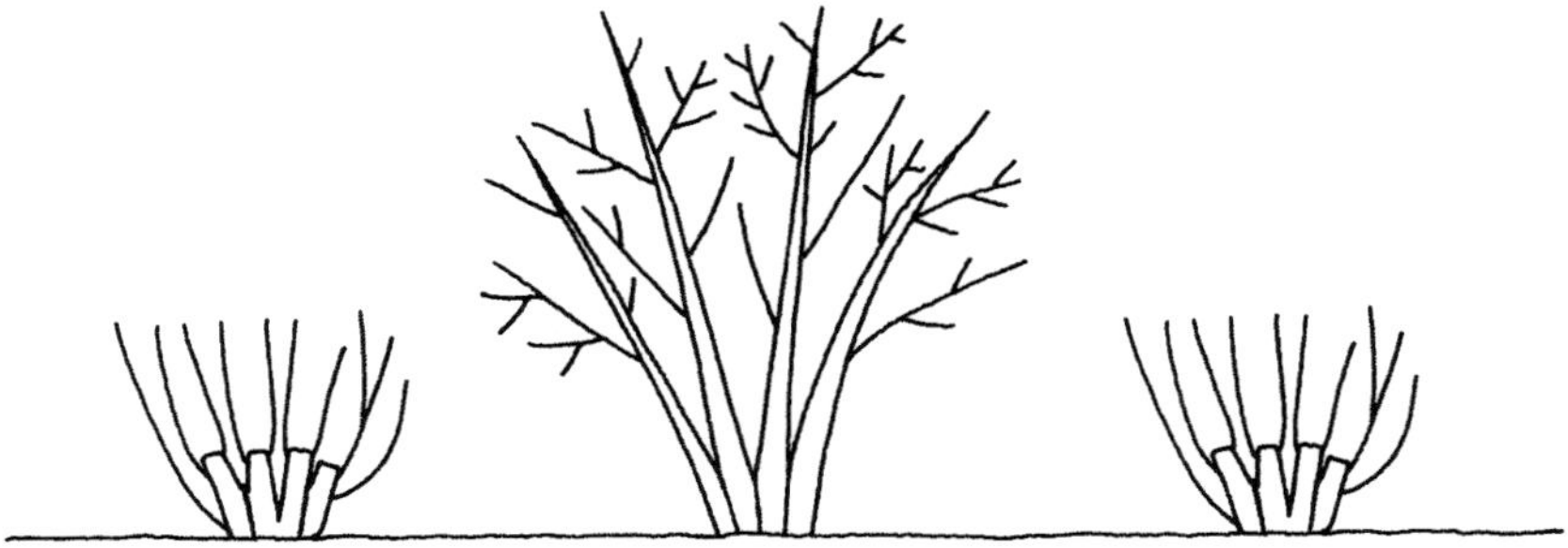

夏場，残された株は元気を取り戻す。切られた株からは，シュートがたくさん出てくる※イラストでは葉と実を省略

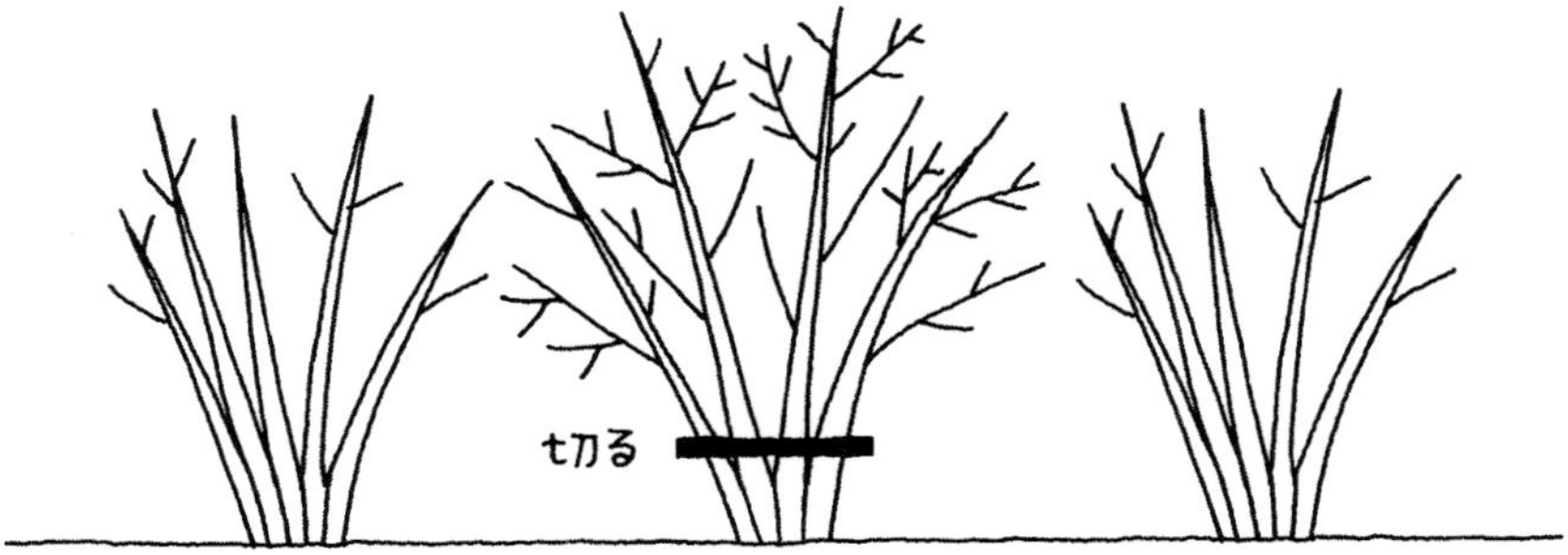

たくさん出てきたシュートを冬場に整理して主軸枝を設定，次の夏にはもう収穫できる。今度は残した株を地際10～30cmで切り詰める（更新した株の初収穫の前に切り詰める場合もあるし，それ以降の年にする場合もある）

図4－7　15年目に1株おきの一挙更新で樹を若返らせる

気を取り戻し、更新で収穫をお休みしている樹の減収分をカバーしてくれる。

やがて、更新した樹が完全復活すれば、今度は残した古い樹の主軸枝をすべて切り詰めればいいわけである。残した株の回復と、切り詰めた株の若返りを兼ねているわけである。

主軸枝は、チマチマと更新するのではなく、やるなら一五年おきにまとめてやる。そのうえ、一株おきの更新で、未収益期間をなくすわけである。

春のせん定でも問題ない

ちなみに私は近年、すっかり春になってからせん定することがある。冗談で、「私は日本でいちばん早い時期にせん定している」と話すほどである。

私は苗木生産をしているので、秋は苗木の出荷が忙しく、冬は挿し木の準備やせん定講習会などがある。春までにとてもせん定を終えることはできず、その結果、講習会では休眠中にせん定を終えましょうといっておきながら、わが園では可憐な花が咲きクマバチの羽音を聞きながらのせん定となる。

春からのせん定だと樹液が出て樹が衰弱してしまうのではないかと心配したが、まったく問題もなく、以来せん定を春にしている。これも、ブルーベリーの強さゆえのことかもしれない。いずれにせよ、寒風に震えながらではなく、暖かい日差しの中でせん定作業ができるのがありがたい。

8 苗木づくり
——休眠枝挿し法

挿し穂は発芽前にとる

私の苗木づくりは、挿し木の段階からホルモン剤や除草剤などはいっさい使用しない無農薬栽培である。水やりも一日六〇分程度と極力抑えている。とはいえ、ど根性栽培は私の育てた苗木でないとできないということはない。一般の購入苗でも、植え付けた後に三年間管理すれば、ど根性栽培の素質を備えることができる。

ブルーベリーの苗木づくりは一般に、簡易に大量生産ができる挿し木法が多い。私も挿し木法である。挿し木法には、発芽前に挿し木をする休眠枝

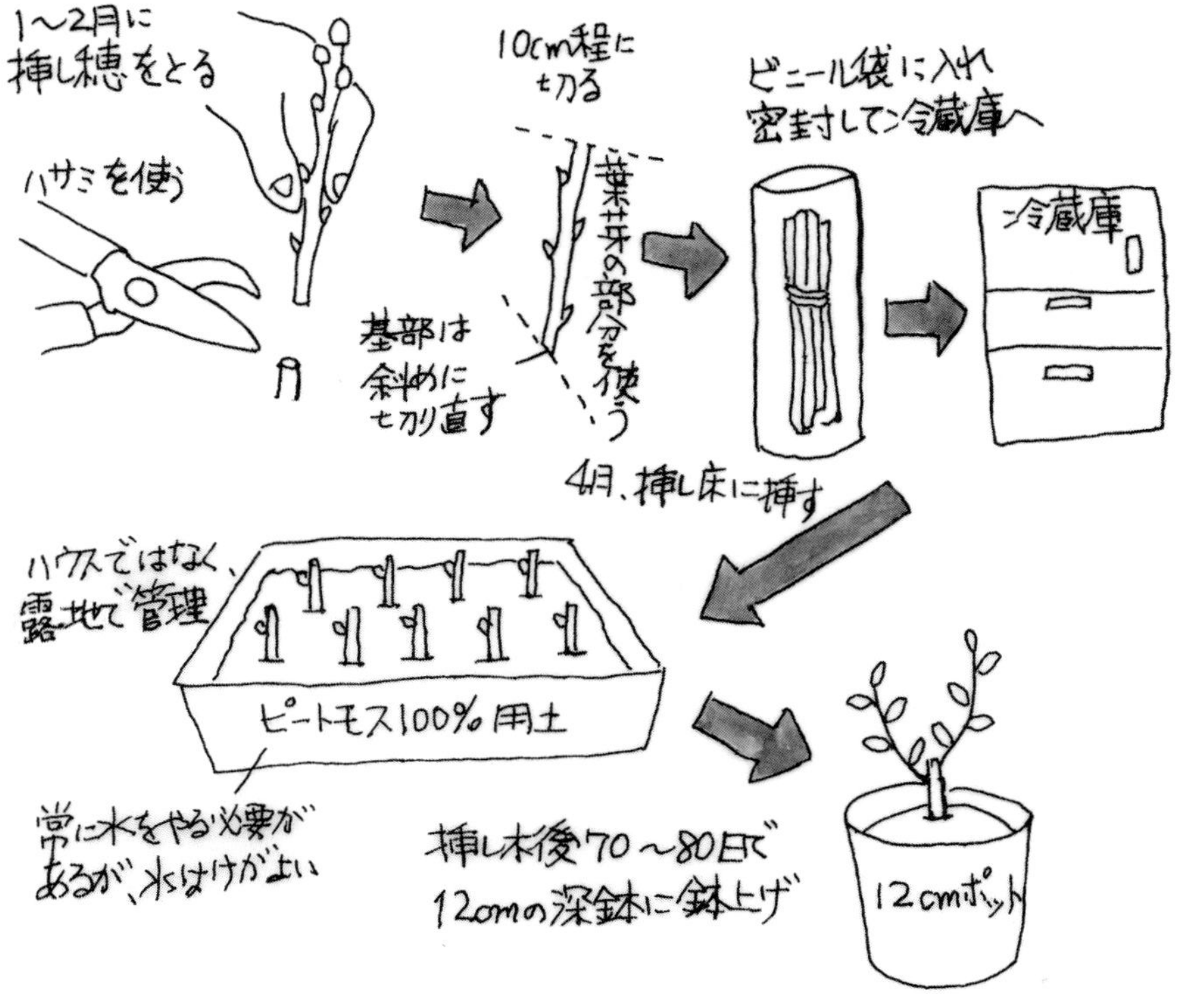

図4－8　苗木のつくり方―― 休眠枝挿し法

挿しと、夏に生育中の枝を挿し木する緑枝挿しがあるが、私は一般的な休眠枝挿しをしている（図4―8）。

挿し穂は一～二月の寒い休眠期、まだ新芽が伸びていない時期に採取する。このとき、一般にはよく研いで先を尖らせたナイフを使うが、私はハサミを使う。ハサミのほうが仕事が早く、切れ味がよくて切り口の傷みも少ない。

この挿し穂は、ビニール袋に密封して冷蔵庫に入れて活動を止めておく。

苗木は
ピートモス一〇〇%用土で

前述したように、植え付け後はかん水も追肥もやらないど根性栽培だが、効率が求められる苗木生産ではそこまで気にしない。挿し床の用土はピートモス一〇〇%である。ピートモスに鹿沼土を半々くらいに混ぜたほうがいいという指導もあるが、ピートモスだけのほうが水はけがいい。ただし、ピートモスはいったん乾いてしまうと水を吸わなくなってしまうので、常に水をやることが大切である。

挿し木のタイミングは四月。暖かくなってから挿す。

直径一二㎝の深鉢に鉢上げ、根を張らせる

挿し穂から根が発生するのは、挿し木して六〇～八〇日以降なので、鉢上げはそれ以降、秋の落葉後に行なう。

鉢上げには、直径一〇・五～一二cmのポリポットが利用されるが、私は一二cmの深鉢にしている。根をよく張らせるためである。

これで三年生苗に育てる。

第5章

私のブルーベリー経営

写真5－1　山のてっぺんにある私のブルーベリー園。見えているのがラビットアイ園で，奥のほうにハイブッシュ園がある

❶経営の柱は四つ

苗木販売、観光農園から、果実出荷、委託加工まで

私は現在、二人の従業員を雇用して「エザワフルーツランド」を経営している。ブルーベリー園の面積は一・五ha（写真5―1）。このうち、贈答用やJA出荷用のハイブッシュが二〇a、摘み取り用や加工用のラビットアイが一三〇aである。

売り上げの内訳を見ると、苗木販売が四割ともっとも多い。これは十一月から春にかけての収入。続いて三割が観光農園の摘み取り、二割が濃縮飲料やゼリーなどの委託加工、残り一割が

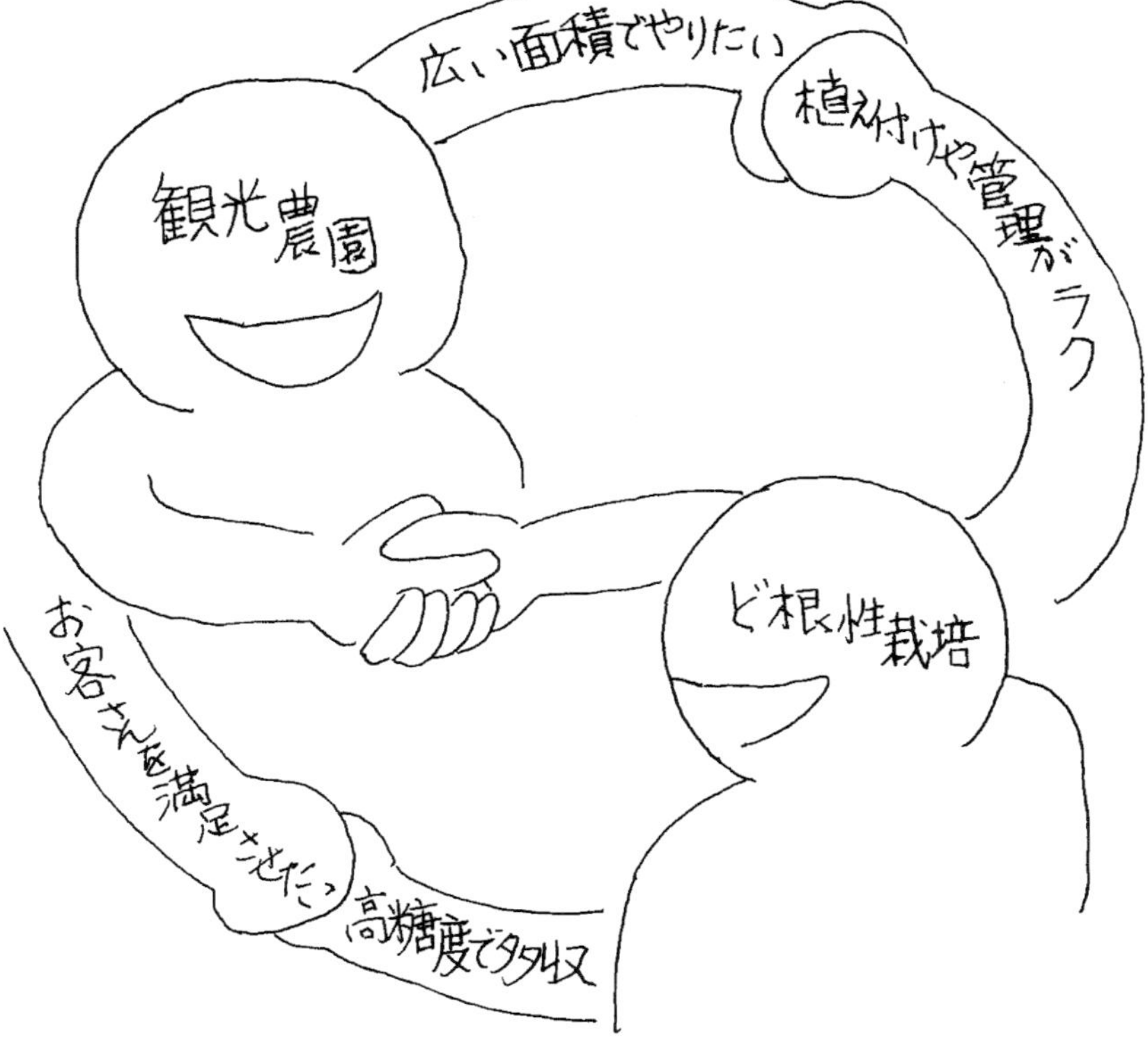

図5－1　観光農園とど根性栽培はぴったり

写真5－2　摘み取りをするお客さん。「ここには自然がいっぱいあるから」と訪れるお客さんも多い

果実出荷である。

経営の柱は苗木販売、観光農園、果実出荷、委託加工の四つ。四本柱にしている理由は、①年間を通して収入が期待できること、②通年で雇用ができること、の二つがあげられる。このうち、②は、地域における雇用対策とし

ての効果もある。

観光農園にど根性栽培はもってこい

経営の四つの柱のうち、今後伸ばしたいのは観光農園である。

出荷用にブルーベリーを自分で収穫するとなると、それは大変である。果実は小さいし、熟度を一粒一粒確かめないといけない。

苗木販売も面積の関係からこれ以上広げることはできない。やはり最も伸びしろが大きいのは、お客さんに自分で摘み取ってもらう売り方である。

観光農園にはど根性栽培はもってこいである（図5—1）。植え付け時とその後の管理が省力化できるので、広い面積で観光農園経営ができる。私が一haを超える大規模でやることができているのも、ど根性栽培のおかげである。また、ど根性栽培で育てた果実は高糖度で、なおかつ多収なので、お客さんを満足させられる。おかげさまで私の観光農園は、お客さんが年々増えている（写真5—2）。

❷ 観光農園の運営術

山を活かした観光農園

私の観光農園は集客のための趣向をさまざま凝らしている。「人を楽しませる仕掛け」、「また来たくなる仕掛け」である。

私の摘み取り園は、山のてっぺんにある。竹やスギを皆伐してブルーベリーを植え、そこへ登る散策道をつくった。山の大自然を感じながらブルーベリー狩りを楽しめる、山林体験型の観光農園なのである（図5—2）。

「エザワフルーツランド」の門をくぐると、そこから目的地目指して山道を一〇分ほど登ることになる。夏でもヒンヤリ涼しい、森林浴にはもってこいである。

道中には休憩用のベンチあり、水車まである（写真5—3）。そして要所要所には「六合目あと一六〇m」と記された杭が打ってあったり、名作のパロディが書かれた看板が立っている。「暑さにも負ケズ、坂道にも負ケズ、やぶ蚊にも負ケズ、ひらすらブルーベリーの森をめざしたい」という具合である（写真5—4）。

スギ林を抜けると、山の上になだらかな傾斜のブルーベリー園が広がる。

子どもの遊び場、ビオトープ

園内には水琴窟（写真5—5）や、廃船でつくったビオトープがあって、

写真5－6　園内にあるビオトープ。クワイ，スイレン……，生きものもいっぱい

写真5－5　園内には水琴窟もある

写真5－3　山の中腹に水車

写真5－4　道中に看板。宮沢賢治の名文句!?

図5－2　山の立地を活かした「エザワフルーツランド」

写真5－7　ブルーベリー園の一角。手前がマムシグサ。後ろの白い花がニリンソウ

メダカ、金魚、ヤゴ、沼エビなどを見て楽しむことができる（写真5―6）。無農薬だからこそ成立するのである。

お客さんはリピーターが多い。毎年来てくれる人もいるし、なかにはその年に四回も五回もという人もいる。お子さんがいるところは、二回目からは虫カゴと虫とり網を持ってやってくる。

山野草を楽しめる

園内には、山野草があちこちに生えている（写真5―7）。ウラシマソウ、マムシグサ、ニリンソウ、サラシナショウマ、ヤブレガサ、シドケ、ヤブラン……。

ヤブランは開園中にうす紫色のきれいな花を咲かせる。マムシグサは茎の先端に、ウラシマソウは株元に、パイナップルを小さくしたような実をつける。それをお客さんは珍しがって眺めることができるのである。これも、除草剤を使っていないからできる。除草剤を使うと、山野草がなくなって、いわゆる畑の草だけになってしまう。園内では、山の自然をできるだけのんびりと感じてもらいたいのである。

その場でジャムづくり

園内の一隅にはコンロが六台ほど置

いてある。入園料一〇〇〇円（子ども五〇〇円）に八〇〇円プラスすれば、ここでジャムづくり体験ができる。果実三〇〇gと砂糖一〇〇gを煮詰めて、持ち帰り用にビン詰め。なんと、所要時間はたったの五分。

普通、ジャムは三〇分も一時間もかかると思うはずである。お客さんに「五分」というと「えー!?」と驚かれる。子連れのお客さんに好評である。

写真５－８　園道沿いには，ヤブランを植えてある。ブルーベリーの摘み取りをしながら，ラベンダーのような紫色の花を楽しむことができる

ラビットアイだからできる時間無制限、食べ放題

普通、観光摘み取り園といえば、時間制限のあるなし、その場で食べてもらうか持ち帰ってもらうか、食べ放題か量り売りかなど、料金体系もさまざまなタイプが考えられる。そんななか、私の園では、時間無制限の食べ放題。意識的に長く居座ってもらおうという方針である。

お客さんは、〝いやし〟のために摘み取り園に来ると私は思っている。時間制限があったのでは、やはり気分がよくない。それに、こちらとしては、果実を飽きるぐらいまで十分に食べていってもらいたい。

ここで生きてくるのが、ラビットアイ重視の品種構成である。

樹勢も強く、樹自体も大きくなるので、ハイブッシュの二～三倍の収量が見込める。どんなにお客さんがつまんでも、ちょっとやそっとじゃなくならない。

私の園では、その場で食べ放題に加

えて、一〇〇gまでなら持ち帰りも自由である。つまり、入園料一〇〇〇円の中にその代金も含まれており、受付でお客さん一人ひとりに専用の容器を手渡している。

それ以上にお土産がほしいという人には、五〇〇g一〇〇〇円で販売。今度は五〇〇g用の容器を、個数は希望に応じて、提供している。

いずれの場合でも、受付スタッフが、よりたくさん容器に詰めるためのアドバイスをする。

ある程度ブルーベリーを入れたら、一度容器をゆする。すると隙間が埋まるので、その分また果実を入れるスペースができる。

実際には、一〇〇g用の容器には一五〇g入る、五〇〇g用の容器には六〇〇g入る……、こういった気遣いも信頼へとつながっていく。

摘み取り園をオープンしてから四年間は、なかなかお客さんが入らず苦戦していたが、「たくさん食べてくださ い」、「たくさん詰めてくださ い」と声かけを続けてきたおかげで、リピーターが増え、口コミが広がり、集客率も上がっていったのである。

開園時期は完熟してから

当たり前の話かもしれないが、お客さんの心をつかむには、ブルーベリーがおいしくなくてはならない。ことにラビットアイは樹上で完熟してこそ真価を発揮するので、お客さんにもそのタイミングで食べてもらいたい。

そこで私は摘み取り園の開園時期を七月二十日からとしている。ラビットアイが果実全体に色づくのは当地で七月五日頃からである。しかしこの状態ではまだ完熟ではない。ラビットアイが完熟するまで待ってから開園してはじめて、お客さんに満足してもらえる。

そして完熟した品種のところにお客さんを案内する。「あっちのほうにある品種が食べ頃ですよ」と自分が道しるべになるのである。ただ、同じ樹でも熟し具合に差があるので、今度は完熟果の見分け方をアドバイスする。

お客さんには、まず触ってポロっと落ちるものからとってくださいと伝えている。それから、その枝の中で一番大きな実をとってもらう。大きいということは、完熟しているということである。

樹上で完熟しきったラビットアイは、このうえなくおいしいのである。

●参考文献

月刊『現代農業』2011 年 1 月号から 12 月号，2012 年 2 月号　江澤貞雄（農文協）
月刊『園芸通信』2002 年 1 月号から 12 月号　江澤貞雄（サカタのタネ）
月刊『林業新知識』2012 年 1 月号から 3 月号　編集部（全林協）
『ブルーベリーの作業便利帳』　石川駿二・小池洋男（農文協）2006 年
『ブルーベリー大図鑑［品種読本］』　渡辺順司（マルモ出版）2006 年
『ブルーベリー全書』　日本ブルーベリー協会編（創森社）2005 年
『育てて楽しむブルーベリー 12 か月』　玉田孝人・福田俊（創森社）2007 年
『ブルーベリーの観察と育て方』　玉田孝人・福田俊（創森社）2011 年
『よくわかる栽培 12 か月ブルーベリー』　堀込充（NHK 出版）2002 年

●苗木の入手先

エザワフルーツランド　〒 292-0201 千葉県木更津市真里谷 3832
TEL 0438-53-5160 ／ FAX 0438-53-5161
ホームページ　http://www.ezawafl.com

●日本ブルーベリー協会（会長　石川駿二）

1994 年，日本のブルーベリー産業の確立と発展を目指して設立された団体。メンバーは，ブルーベリー生産者をはじめ，県や市町村や JA などの指導者，大学や試験場などの研究者，流通加工業者などで，会員は約 800 名。全国ネットワーク組織として各種研修会やシンポジウムなどを開催するほか，機関誌「ブルーベリーニュース」を年 4 回発行している。

●ブルーベリーの普及に関する資料

1　ブルーベリーの全国栽培面積の推移

グラフを見ていただくとわかるように，ブルーベリーの栽培面積は1990年代半ばにいったん足踏みしたものの，2011年まで着実に伸びている（2010年比では横ばい）。

私の栽培の歴史を重ねてみると，JAで産地化をスタートさせたのが1985年。ちょうど水田転作作物として各地でブルーベリーの栽培が広まった時期であった。しかし，日持ちが悪いために市場や小売店に敬遠されるなどして，栽培面積は頭打ちとなった。その後，ブルーベリーが眼によいということで，その機能性が広く知られるようになると，ふたたび栽培は増えた。私がJAを退職し，ブルーベリー専業農家としてスタートした1997年頃から近年まで，栽培面積は右肩上がりで増えている。今後のさらなる面積拡大には，この本がきっと役立つものと確信している。

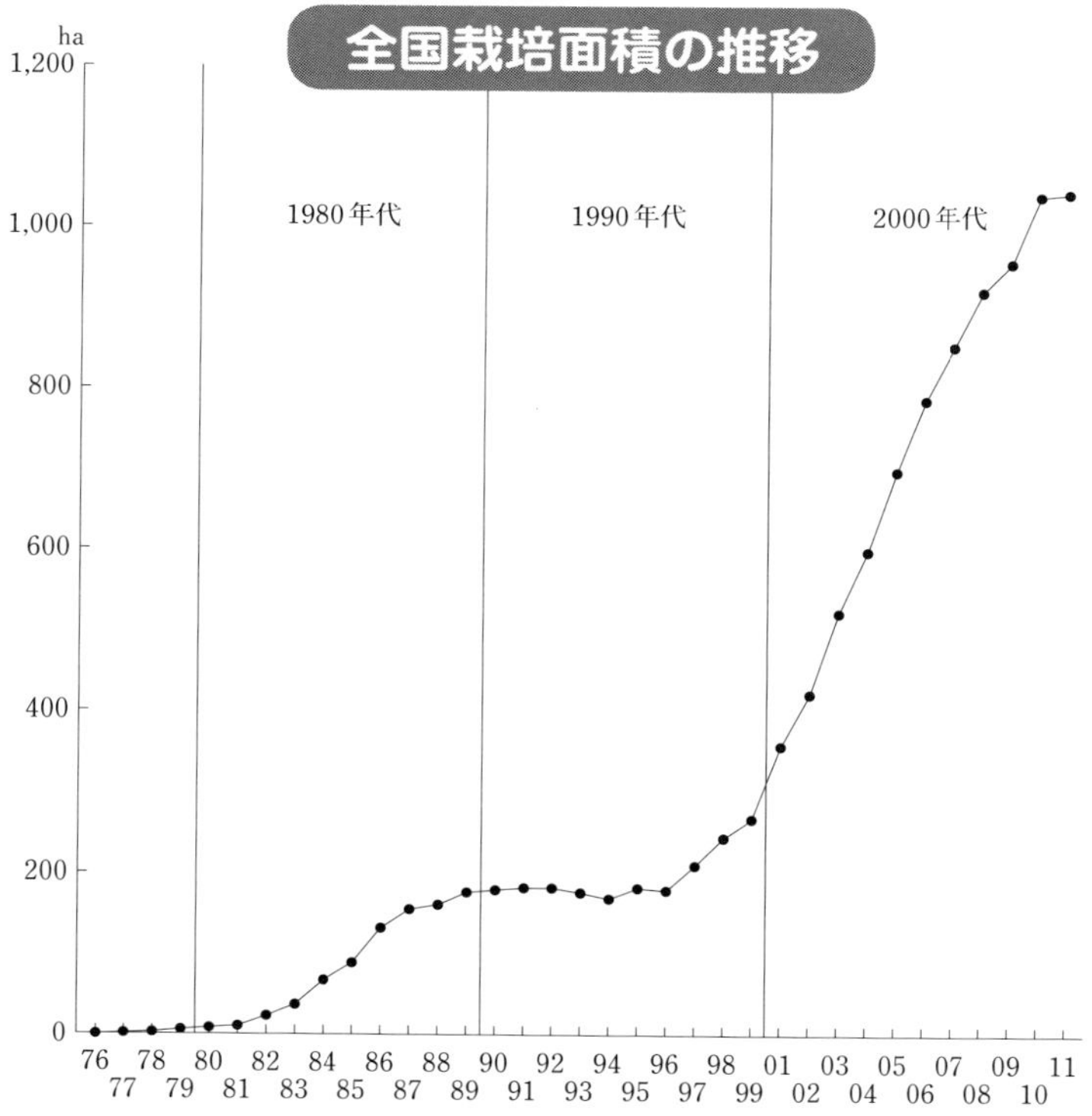

（農林水産省特産果樹生産動態等調査より作成。左ページグラフも）

2　ブルーベリーの県別栽培面積

グラフは2011年の県別栽培面積を示したものである。これを見ると，千葉県までの上位7県で全栽培面積の約半分を占め，そのほとんどが関東以北であることがわかる。つまり，その栽培品種はハイブッシュ種がほとんどなのである。このことからも，これまでのブルーベリー栽培のノウハウがハイブッシュ種主体に語られてきた理由がよくわかるだろう。

この本をきっかけに，より省力的で良食味のラビットアイ種が見直され，栽培面積が一段と増えることを期待したい。

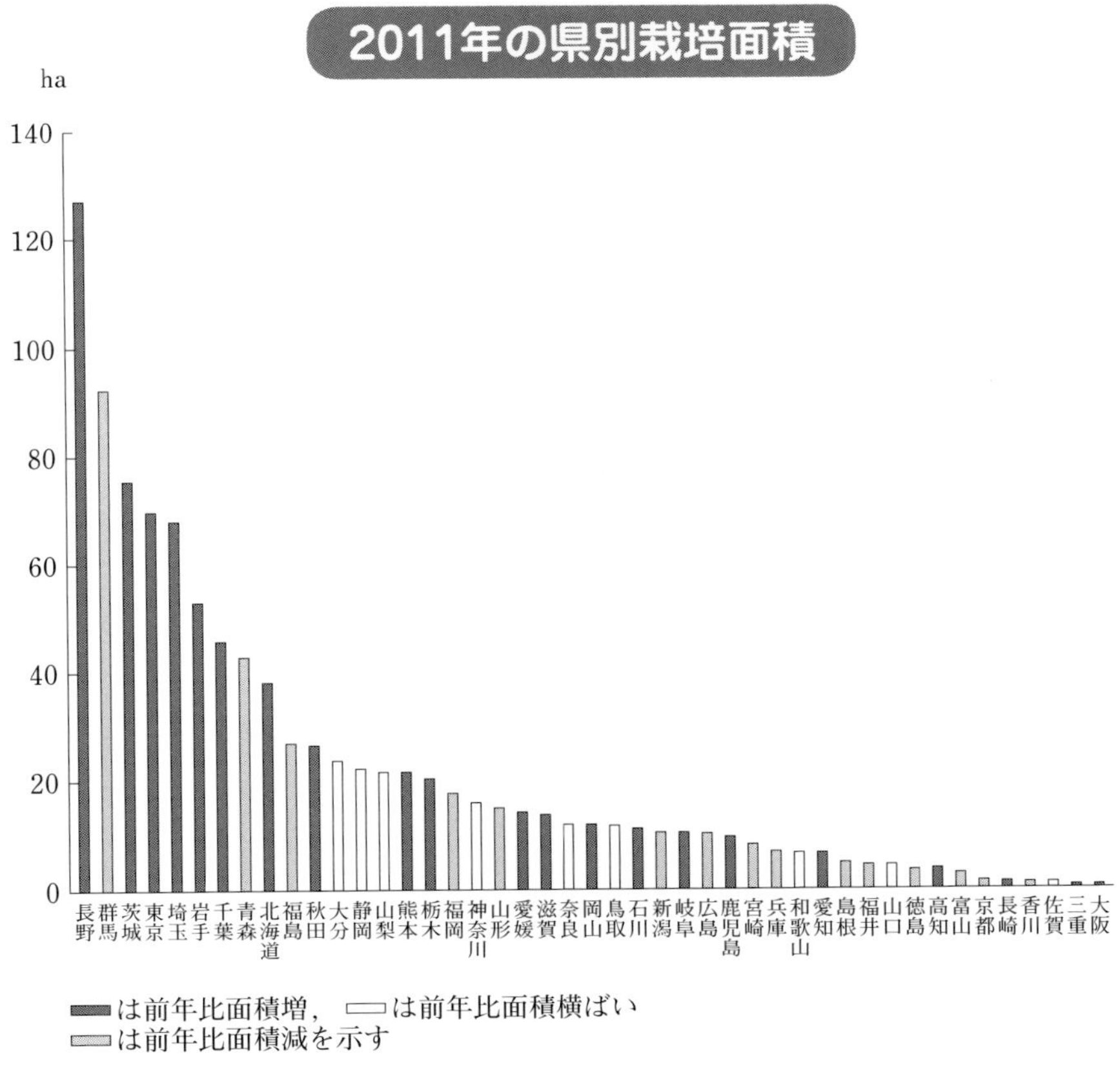

■ 著 者 略 歴 ■

江澤　貞雄（えざわ　さだお）

1947年，千葉県木更津市生まれ。東京デザイナー学院卒業後，広告代理店勤務。1974年，木更津市富来田農協に就職し，営農指導員となる。1997年に退職し，ブルーベリー観光農園・エザワフルーツランドを設立。

ブルーベリー 1.5ha（ハイブッシュ 20a，ラビットアイ 130a）。

日本ブルーベリー協会副会長，協会認定ブルーベリー栽培士，日本特産農産物協会認定ブルーベリーマイスター，木更津市観光ブルーベリー園協議会会長を歴任。

2010年には千葉県観光協会功労者として表彰を受け，2014年には全国育樹活動コンクール個人の部で林野庁長官賞を受賞。

ブルーベリーをつくりこなす
――高糖度，大粒多収

2014年 10 月 31日　第 1 刷発行
2023年 6 月 10日　第 9 刷発行

著者　江澤　貞雄

発 行 所　一般社団法人　農 山 漁 村 文 化 協 会
郵便番号　335-0022　埼玉県戸田市上戸田2-2-2
電話　048(233)9351(代表)　048(233)9355(編集)
FAX　048(299)2812　　振替　00120-3-144478
URL　https://www.ruralnet.or.jp/

ISBN978-4-540-14193-5　DTP製作／(株)農文協プロダクション
〈検印廃止〉　印刷／(株)光陽メディア

製本／根本製本(株)
Printed in Japan　定価はカバーに表示

乱丁・落丁本はお取り替えいたします。